Gabriel García Márquez:
Augen eines blauen Hundes
Frühe Erzählungen

Aus dem Spanischen übersetzt
und mit einem Nachwort
von Curt Meyer-Clason

Deutscher
Taschenbuch
Verlag

dtv

Von Gabriel García Márquez
sind im Deutschen Taschenbuch Verlag erschienen:
Laubsturm (1432)
Der Herbst des Patriarchen (1537)
Der Oberst hat niemand, der ihm schreibt (1601)
Die böse Stunde (1717)
Hundert Jahre Einsamkeit (10249)
Die Geiselnahme (10295)
Bericht eines Schiffbrüchigen (10376)
Chronik eines angekündigten Todes (10564)
Das Leichenbegängnis der Großen Mama (10880)
Die unglaubliche und traurige Geschichte von der einfältigen Eréndira und ihrer herzlosen Großmutter (10881)

Ungekürzte Ausgabe
1. Auflage September 1983
Deutscher Taschenbuch Verlag GmbH & Co. KG, München
Lizenzausgabe mit freundlicher Genehmigung des Verlags Kiepenheuer & Witsch, Köln

Titel der Originalausgabe: ›Ojos de perro azul‹

ISBN 3-462-01400-5

ISBN 3-462-01554-0
Umschlaggestaltung: Celestino Piatti
Gesamtherstellung: C. H. Beck'sche Buchdruckerei, Nördlingen
Printed in Germany · ISBN 3-423-10154-7
4 5 6 7 8 9 · 94 93 92 91 90 89

Das Buch

Schlaflosigkeit, irrationale Ängste und Alpträume peinigen die Personen in Gabriel García Márquez' frühen Erzählungen. Einsamkeit und Tod sind allgegenwärtig, die Dimensionen Raum und Zeit weitgehend außer Kraft gesetzt. Da wächst ein Kind achtzehn Jahre lang in seinem Sarg und führt das Dasein eines Toten, ein Junge legt Rosen auf sein eigenes Grab, eine Frau überlegt, in wessen Leib sie weiterleben könnte ... »Immer wieder begegnen wir an der Verknüpfungsstelle verschiedener Bewußtseinsebenen einer subtilen, unaufdringlichen Erotik. Sie wirkt unrealisierbar wie die Hoffnung auf erfüllte, bessere Zeiten. Und obwohl äußerlich in den meisten dieser Geschichten nicht viel oder nichts passiert, liest man sie in einem atemlosen Spannungszustand von der ersten bis zur letzten Seite. Es ist Literatur, die uns große Wahrheiten über Lateinamerika vermittelt.« (Mannheimer Morgen)

Der Autor

Gabriel García Márquez, am 6. März 1928 in Aracataca (Kolumbien) geboren, schrieb zunächst Filmdrehbücher, dann Erzählungen, Romane und Reportagen. 1982 erhielt er den Nobelpreis für Literatur. Einige Werke: ›Laubsturm‹ (1955), ›Der Oberst hat niemand, der ihm schreibt‹ (1961), ›Hundert Jahre Einsamkeit‹ (1967), ›Das Leichenbegängnis der Großen Mama und andere Erzählungen‹ (dt. 1974), ›Die böse Stunde‹ (1974), ›Der Herbst des Patriarchen‹ (1977), ›Chronik eines angekündigten Todes‹ (1981), ›Bericht eines Schiffbrüchigen‹, ›Die Geiselnahme‹ (1982), ›Die Liebe in den Zeiten der Cholera‹ (1985).

Inhalt

Die dritte Entsagung

Da war wieder dieser Lärm. Jener kalte, schneidende, senkrechte Lärm, den er schon so gut kannte; der sich jetzt aber als scharf und schmerzhaft erwies, als sei er ihm von einem Tag auf den anderen ungewohnt geworden.

Der Lärm kreiste in seinem leeren Schädel, dumpf und stechend. Eine Wabe hatte sich in den vier Wänden seiner Gehirnschale gebildet. Sie wuchs zunehmend in aufeinander folgenden Spiralen und schlug drinnen und ließ seine Wirbelsäule erzittern, unmäßig und mißtönend, im sicheren Rhythmus seines Körpers. Etwas war in seinem stofflichen Aufbau eines festgefügten Menschen aus der Ordnung geraten; etwas, das »bei den anderen Malen« normal funktioniert hatte und nun in seinem Kopf hart und trocken hämmerte, mit den Knochen einer abgezehrten Hand hämmerte und ihn an alle bitteren Empfindungen des Lebens erinnerte. Er fühlte den animalischen Drang, die Fäuste gegen die blauen, vom Druck des verzweifelten Schmerzes violett angeschwollenen Adern seiner Schläfen zu pressen. Er hätte den Lärm, der den Augenblick mit seiner scharfen Diamantenspitze durchbohrte, zwischen seinen beiden empfindlichen Handflächen orten mögen. Mit der Bewegung einer Hauskatze zogen sich seine Muskeln zusammen, als er sich vorstellte, wie er durch die gepeinigten Winkel seines fieberzerfetzten heißen Kopfes verfolgt wurde. Er würde ihn gleich einholen. Nein. Der Lärm hatte ein glattes, fast unberührbares Fell. Aber er war entschlossen, ihn dank seiner gutgeübten Strategie einzuholen und mit der ganzen Kraft seiner Verzweiflung lange und endgültig zu zerquetschen. Er würde nicht zulassen, daß er nochmals in sein Ohr dränge, daß er durch seinen Mund entweiche, durch jede einzelne seiner Poren oder durch seine Augen, die dabei aus den Höhlen treten und dem fliehenden Lärm aus der Tiefe ihrer ausweglosen Dunkelheit blind nachschauen würden. Er würde nicht zulassen, daß er seine zermahlenen Kristalle, seine Sterne aus Eis an den Innenwänden des Schädels zerdrückte. So war dieser Lärm: nicht enden wollend, wie wenn ein Kinderkopf gegen eine Betonmauer geschlagen wird. Wie alles harte Schlagen auf feste Dinge der Natur. Aber er würde ihn nicht mehr peinigen, wenn er ihn umzingeln, ihn isolieren könnte. Die wechselvolle Gestalt an ihrem eigenen Schatten abschneiden. Ihn packen. Ihn pressen, ein für alle Mal; ihn mit aller Kraft auf den Fußboden schleudern und so heftig auf ihm herumtrampeln, bis er sich nicht mehr regen konnte, bis er keuchend sagen könnte, er habe dem Lärm, der ihn quälte, der ihn wahnsinnig machte und der jetzt wie ein beliebiger Gegenstand, zu einem vollständigen Toten verwandelt, auf der Erde lag, den Todesstoß versetzt.

Aber er war außerstande, sich die Schläfen zu pressen. Seine Arme waren geschrumpft, waren jetzt die Arme eines Zwerges; kleine, plumpe, fette Arme. Er versuchte den Kopf zu schütteln. Er schüttelte ihn. Nun trat der Lärm lautstärker in seinem Schädel auf, der sich verhärtet, sich vergrößert hatte und von der Schwerkraft stärker angezogen fühlte. Der Lärm war schwer und hart. So schwer und hart, daß er, hätte er ihn erreicht und zerstört, den Eindruck gehabt hätte, eine Blüte aus Blei zu entblättern.

»Bei den anderen Malen« hatte er diesen Lärm ebenso aufdringlich empfunden. Er hatte ihn zum Beispiel an dem Tage empfunden, da er zum ersten Mal gestorben war. Als er sich – angesichts eines Leichnams – bewußt wurde, daß es sein eigener Leichnam war. Er sah ihn und betastete sich. Er empfand sich als ungreifbar, unräumlich, unvorhanden. Er war wahrhaftig ein Leichnam und fühlte bereits auf seinem jungen, kränklichen Körper das Nahen des Todes. Die Atmosphäre hatte sich im ganzen Haus verhärtet, als sei es mit Zement angefüllt worden, und inmitten dieses Blocks – in dem er die Gegenstände zurückgelassen hatte, als noch eine Atmosphäre aus Luft geherrscht hatte – war er behutsam in einen harten, aber durchsichtigen Zementsarg gelegt worden. Damals war in seinem Kopf auch »dieser Lärm« gewesen. Wie fern und wie kalt fühlte er seine Fußsohlen; dort, am äußersten Ende des Sargs, wo ein Kissen hingelegt worden war, weil die Totenkiste für ihn zu groß war und man ihn einpassen, den toten Körper seinem neuen und letzten Gewand anpassen mußte. Sie deckten ihn weiß zu und banden ein Taschentuch um seinen Kiefer. Er empfand sich als schön in seinem Leichentuch; tödlich schön.

Er lag in seinem Sarg, bereit, beerdigt zu werden, und wußte trotzdem, daß er nicht tot war. Hätte er sich aufrichten wollen, er hätte es mit aller Leichtigkeit zu tun vermocht. Zumindest »geistig«. Doch es lohnte nicht die Mühe. Es war besser, sich hier sterben zu lassen; am »Tode« zu sterben, der seine Krankheit war. Vor geraumer Zeit hatte der Arzt zu seiner Mutter einsilbig gesagt:

»Señora, Ihr Kind hat eine schwere Krankheit: es ist tot. Trotzdem«, fuhr er fort »werden wir alles tun, um ihm über seinen Tod hinaus das Leben zu bewahren. Wir werden es fertigbringen, daß seine Organe mittels eines komplizierten Systems der Selbsternährung weiterfunktionieren. Nur die Triebfunktionen, die unmittelbaren Bewegungen werden unterschiedlich arbeiten. Wir werden über sein Leben durch das Wachstum erfahren, das gleichfalls normal weitergehen wird. Es wird einfach ›sein lebendiger Tod‹ sein. Ein wirklicher und wahrhaftiger Tod . . .«

Er erinnerte sich an die Worte, wenn auch wirr. Vielleicht hatte er sie nie gehört, und das Ganze war ein Auswuchs seiner Phantasie, als das Fieber während seiner Typhuserkrankung stieg.

Als er delirierte. Als er die Geschichte von den einbalsamierten Pharaonen las. Als das Fieber stieg, fühlte er sich selbst als deren Protagonist. Eine Art Leere war in sein Leben getreten. Seither vermochte er nicht mehr zu unterscheiden, sich nicht mehr zu erinnern, welche Ereignisse Teil seines Deliriums und welche Teil seines wirklichen Lebens waren. Daher zweifelte er jetzt. Vielleicht hatte der Arzt nie von diesem seltsamen »lebendigen Tod« gesprochen. Er ist unlogisch, widersprüchlich, regelrecht widersinnig. Und das ließ ihn jetzt vermuten, daß er in Wahrheit tatsächlich tot war. Daß er es seit achtzehn Jahren war.

Schon damals – zur Zeit seines Todes war er sieben Jahre alt – ließ seine Mutter ihm einen kleinen Sarg herstellen, aus frischem Holz, einen Sarg für ein Kind; doch der Arzt gab die Anweisung, es solle eine größere Totenkiste gezimmert werden, eine Kiste für einen normalen Erwachsenen, denn jene kleine könne das Wachstum hemmen, und er könnte so ein deformierter Toter werden oder ein anormaler Lebender. Oder das Aufhalten des Wachstums könnte verhindern, eine Besserung festzustellen. Angesichts dieser Warnung ließ seine Mutter einen großen Sarg für ihn bauen, für einen erwachsenen Leichnam, und legte drei Kissen an das Fußende, damit er besser hineinpaßte.

Und schon begann er in dem Sarg zu wachsen, so daß man jedes Jahr etwas Wolle aus dem äußersten Kissen nehmen konnte, um ihm das Wachsen zu erleichtern. So war ein halbes Leben vergangen. Achtzehn Jahre. (Jetzt war er fünfundzwanzig Jahre alt.)

Und hatte seine endgültige, normale Statur erreicht. Der Tischler und der Arzt hatten sich in ihrer Berechnung geirrt und den Sarg um einen halben Meter zu groß gemacht. Sie hatten vermutet, er würde die Statur seines Vaters bekommen, der ein halbbarbarischer Riese war. Doch das wurde er nicht. Das einzige, was er von ihm geerbt hatte, war der Vollbart. Ein blauer Bart, dicht, den seine Mutter ihm kämmte, damit er anständig in seinem Sarg lag. Dieser Bart belästigte ihn schrecklich an heißen Tagen.

Doch da war etwas, was ihn mehr als »dieser Lärm« beschäftigte. Das waren die Mäuse. Nichts hatte ihn, als er Kind war, auf der Welt so sehr beschäftigt, hatte ihm solch einen Schrecken eingejagt wie die Mäuse. Und genau diese widerlichen Tiere ließen sich von den Kerzen anlocken, die zu seinen Füßen brannten. Sie hatten bereits seine Kleidung zernagt, und er wußte, sie würden sehr bald beginnen, ihn zu benagen, seinen Körper aufzufressen. Eines Tages konnte er sie sehen: es waren fünf glänzende, glatte Mäuse, die am Tischbein zu seiner Totenkiste hochkletterten und sich über ihn hermachten. Sobald seine Mutter es merken würde, wären von ihm nur noch Trümmer übrig, die harten, kalten Knochen. Was ihm den größten Schrecken einjagte, war nicht gerade, daß die Mäuse ihn auffraßen. Schließlich und endlich würde er mit seinem Gerippe weiterleben können. Was ihn quälte, war das ihm angeborene Entsetzen, das er vor diesen Tierchen empfand. Das Haar stand ihm zu Berge, sobald er an diese samtigen Wesen dachte, die über seinen ganzen Leib wuselten, die in seine Hautfalten eindrangen und mit ihren eisigen Pfoten über seine Lippen strichen. Eine von ihnen kroch sogar bis zu seinen Lidern herauf und versuchte seine Hornhaut zu benagen. Er sah sie groß, ungeheuerlich bei ihrem verzweifelten Kampf, seine Netzhaut zu durchstoßen. Nun glaubte er an einen neuen Tod und überließ sich ganz und gar dem drohenden Schwindelgefühl.

Er erinnerte sich, daß er volljährig geworden war. Er war fünfundzwanzig Jahre alt, und das bedeutete, daß er nicht mehr wachsen würde. Seine Züge würden fest werden und ernst. Doch sobald er gesund war, würde er nicht mehr von seiner Kindheit sprechen können. Er hatte keine gehabt. Er hatte sie tot zugebracht.

Seine Mutter hatte ihm während der ganzen Zeit, die der Übergang von der Kindheit zur Pubertät dauerte, jede Sorge angedeihen lassen. Sie hatte sich um die peinliche Sauberhaltung des Sarges und des Zimmers im allgemeinen gekümmert. Sie hatte häufig die Blumen in den Vasen gewechselt und jeden Tag die Fenster geöffnet, damit frische Luft hereinkam. Mit welcher Befriedigung hatte sie in jener Zeit das Metermaß betrachtet, wenn sie nach dem Messen feststellte, daß er mehrere Zentimeter gewachsen war! Sie empfand mütterliche Befriedigung, ihn lebendig zu sehen. Dennoch sorgte sie dafür, daß Fremde nicht das Haus betraten. Schließlich und endlich war das Dasein eines Toten so viele Jahre hindurch im Heim einer Familie lästig und obendrein geheimnisvoll. Sie war eine selbstlose Frau. Doch sehr bald begann ihr Optimismus zu sinken. In den letzten Jahren sah er sie das Metermaß traurig betrachten. Ihr Kind wuchs nicht mehr. In den letzten Monaten war das Wachstum um keinen Millimeter fortgeschritten. Seine Mutter wußte, daß es fortan schwierig sein würde, eine Art und Weise zu finden, um die Anwesenheit des Lebens in ihrem geliebten Toten festzustellen. Sie hegte die Befürchtung, daß er eines Morgens »wirklich tot« erwachen würde, und vielleicht konnte er deshalb an jenem Tag beobachten, daß sie sich heimlich seinem Sarg näherte und seinen Körper beroch. Sie war einem Anflug von Pessimismus verfallen. In letzter Zeit hatte sie in ihrer

Betreuung nachgelassen und nie mehr ihr Metermaß mitgebracht. Sie wußte, daß er nicht mehr wachsen würde.

Und er wußte, daß er jetzt »wirklich« tot war. Er wußte es dank jener friedlichen Ruhe, mit der sein Organismus sich gehen ließ. Alles hatte sich zur Unzeit verändert. Das unmerkliche Pochen, das nur er wahrnehmen konnte, war nun aus seinem Puls gewichen. Er fühlte sich schwer, durch eine fordernde, machtvolle Kraft vom ursprünglichen Stoff der Erde angezogen. Nun schien die Schwerkraft ihn mit unwiderstehlicher Macht anzuziehen. Er war schwer wie ein wirklicher, unleugbarer Leichnam. Und doch war er so ausgeruhter. Er brauchte nicht einmal zu atmen, um seinen Tod zu leben.

In der Vorstellung durchlief er, ohne sich zu berühren, seine Glieder, eines nach dem anderen. Dort, auf einem harten Kissen, lag sein leicht nach links gedrehter Kopf. Er stellte sich seinen Mund geöffnet von dem schmalen Kältesaum vor, der seine Kehle mit Hagel füllte. Er war geknickt wie ein fünfundzwanzig Jahre alter Baum. Vielleicht versuchte er den Mund zu schließen. Das Taschentuch, das seine Kinnbacken festgehalten hatte, war locker geworden. Er vermochte sich nicht zurechtzusetzen, geradezurücken, nicht einmal eine Pose einzunehmen, um als anständiger Toter zu erscheinen. Schon reagierten seine Muskeln, seine Glieder nicht mehr wie früher so pünktlich auf den Ruf seines Nervensystems. Er war nicht mehr der von vor achtzehn Jahren, ein normales Kind, das sich nach Belieben bewegen konnte. Er fühlte seine herabgesunkenen Arme, gefallen für immer, gegen die gepolsterten Sargwände gepreßt. Sein Bauch, hart wie Nußbaumrinde. Weiter unten seine Beine, vollständig, genau seine vollendete Anatomie eines Erwachsenen ergänzend. Sein Körper ruhte schwerfällig, jedoch friedlich, ohne jegliches Mißbehagen, als sei die Welt plötzlich stehengeblieben, als unterbräche niemand die Stille; als hätten alle Lungen der Erde aufgehört zu atmen, um nicht die leichtfüßige Ruhe der Luft zu unterbrechen. Er fühlte sich glücklich wie ein Kind, das im frischen, plattgedrückten Gras auf dem Rücken liegt und einer im Nachmittagshimmel davonsegelnden hohen Wolke nachblickt. Er war glücklich, obwohl er wußte, daß er tot war, daß er für immer in der mit Kunstseide ausgeschlagenen Totenkiste ruhte. Er war von großer Hellsicht. Es war nicht wie vorher, nach seinem ersten Tod, in dem er sich abgestumpft und roh vorgekommen war. Die vier Kerzen, die rings um ihn aufgestellt und alle drei Monate erneuert worden waren, begannen wieder herunterzubrennen, und zwar in dem Augenblick, als sie unerläßlich sein würden. Er spürte die nahe Frische der feuchten Veilchen, die seine Mutter an jenem Morgen gebracht hatte. Er spürte sie in den Lilien, in den Rosen. Doch diese ganze schreckliche Wirklichkeit verursachte in ihm keinerlei Unruhe; im Gegenteil, er war dort glücklich, allein mit seiner Einsamkeit. Würde er nachher Angst empfinden?

Wer weiß. Nachdenken fiel schwer in dem Augenblick, da der Hammer die Nägel in das grüne Holz einschlug und der Sarg unter der sicheren Hoffnung ächzte, wieder Baum zu werden. Sein Körper, vom Befehl der Erde mit größerer Kraft angezogen, würde in feuchtem, lehmigem, weichem Grund auf der Seite liegen, und dort oben, über vier Kubikmetern, würden die letzten Schläge der Totengräber verhallen. Nein. Auch dort würde er keine Angst spüren. Das würde die Verlängerung seines Todes sein, die natürlichste Verlängerung seines neuen Zustands.

Kein Grad Wärme würde in seinem Körper mehr bleiben, sein Mark würde für immer erkaltet sein, und ein paar Eissternchen würden bis in sein Knochenmark vordringen. Wie gut würde er sich an sein neues Totenleben gewöhnen! Und dennoch wird er eines Tages seine festgefügte Rüstung zusammenbrechen fühlen; und wenn er versuchen sollte, seine Glieder einzeln aufzuzählen, aufzurufen, wird er sie nicht wiederfinden. Er wird fühlen, daß er keine festumrissene Form mehr hat, und entsagend feststellen, daß er die vollkommene Anatomie seiner fünfundzwanzig Jahre verloren und daß er sich in eine Handvoll Staub ohne Formen, ohne geometrische Konturen verwandelt hat.

In den biblischen Staub des Todes. Vielleicht empfand er jetzt eine leichte Sehnsucht; Sehnsucht, weil er kein formaler, anatomischer Leichnam war, sondern ein imaginärer, abstrakter Leichnam, der nur in der verschwommenen Erinnerung seiner Angehörigen Bestand hatte. Jetzt wird er wissen, daß er durch die Kapillargefäße eines Apfelbaums aufsteigen und durch den hungrigen Biß eines Jungen an einem Herbstmorgen erwachen wird. Jetzt wird er wissen – und das machte ihn traurig –, daß er seine Einheit verloren hat: daß er nicht einmal mehr ein gewöhnlicher Toter, ein alltäglicher Leichnam ist.

Die letzte Nacht hatte er in der einsamen Gesellschaft seines eigenen Leichnams glücklich verbracht.

Doch mit dem neuen Tag, beim Eindringen der ersten lauen Sonnenstrahlen durch das geöffnete Fenster, fühlte er, daß seine Haut weich geworden war. Er beobachtete sich einen Augenblick. Still, starr. Ließ die Luft über seinen Körper streichen. Er konnte nicht zweifeln: da war der »Geruch«. Während der Nacht hatte das Leichengift zu wirken begonnen. Sein Organismus hatte begonnen, sich zu zersetzen, in Fäulnis überzugehen wie der Körper aller Toten. Der »Geruch« war fraglos der unverkennbare Geruch abgestandenen Fleischs, der untertauchte und dann um so hartnäckiger wieder auftauchte. Sein Körper hatte sich in der Hitze der vorigen Nacht zersetzt. Ja. Er faulte. Binnen weniger Stunden würde seine Mutter kommen und die Blumen auswechseln, und von der Schwelle würde ihr der Pesthauch zersetzten Fleischs entgegenschlagen. Dann würde man ihn fortschaffen, damit er seinen zweiten Tod zwischen den anderen Toten schliefe.

Doch plötzlich versetzte die Angst ihm einen Stich in den Rücken. Die Angst! Was für ein tiefes, ein bedeutsames Wort! Jetzt hatte er Angst, eine »körperliche«, echte Angst. Welchem Umstand verdankte er sie? Er verstand sie vollkommen, sein Fleisch erbebte: wahrscheinlich war er nicht tot. Man hatte ihn in diese Totenkiste gesteckt, und die fühlte er jetzt ganz und gar, weich, gepolstert, schrecklich bequem; und das Gespenst der Angst stieß ihm das Fenster zur Wirklichkeit auf: Man wollte ihn lebend begraben!

Er konnte nicht tot sein, denn er war sich all dessen bewußt; des Lebens, das rings um ihn kreiste, summte. Des lauen Dufts des Heliotrops, der durchs offene Fenster drang und sich mit dem anderen »Geruch« vermengte. Er war sich genau des langsamen Absinkens des Wassers im Tank bewußt. Der Zikade, die in der Ecke weitersang und wohl glaubte, das Morgengrauen dauere noch.

All das leugnete seinen Tod. Alles, ausgenommen der »Geruch«. Doch wie konnte er wissen, ob dieser Geruch der seine war? Vielleicht hatte seine Mutter am Vortag vergessen, das Wasser in den Vasen zu wechseln, so daß die Stengel faulten. Oder vielleicht zersetzte sich jetzt die Maus, welche die Katze ins Zimmer geschleppt hatte, in der Hitze. Nein. Der »Geruch« konnte nicht von seinem Körper stammen.

Vor wenigen Augenblicken war er noch glücklich mit seinem Tod gewesen, weil er tot zu sein glaubte. Weil ein Toter in seiner nicht wiedergutzumachenden

Lage glücklich sein kann. Doch ein Lebender kann sich nicht damit abfinden, lebendig begraben zu werden. Übrigens antworteten seine Glieder nicht auf seinen Anruf. Er konnte sich nicht ausdrücken; und das verursachte ihm Entsetzen; das größte Entsetzen seines Lebens und seines Todes. Man würde ihn lebend begraben. Er würde das fühlen. Sich dessen bewußt werden in dem Augenblick, da die Totenkiste zugenagelt werden würde. Er würde die Leere seines Körpers auf den Schultern seiner Freunde spüren, während seine Angst und seine Verzweiflung bei jedem Schritt des Leichenzugs wachsen würden.

Vergeblich wird er versuchen, sich aufzuraffen, mit allen versagenden Kräften zu rufen, gegen die Wände des finsteren, engen Sargs zu schlagen, damit die Leute erführen, daß er noch am Leben war, daß man ihn lebend beerdigen würde. Es würde nutzlos sein; auch dann würden seine Glieder nicht auf den dringenden letzten Ruf seines Nervensystems antworten.

Er hörte Geräusche im Nebenzimmer. Sollte er schlafen? Sollte all sein Totenleben ein Alptraum gewesen sein? Doch das Klappern von Geschirr hörte auf. Er wurde traurig und daher vielleicht verstimmt. Er hätte gewünscht, daß alles Geschirr der Erde auf einmal zerschlagen würde, gleich nebenan, um durch einen äußeren Anlaß zu erwachen, da sein Wille versagt hatte.

Aber nein. Es war kein Traum. Er war sicher, daß, wäre es ein Traum gewesen, sein letzter Versuch, in die Wirklichkeit zurückzukehren, nicht gescheitert wäre. Er würde nie mehr erwachen. Er fühlte das Weiche des Sargs, und der »Geruch« war jetzt mit größerer Stärke, mit soviel Stärke wiedergekehrt, daß er bereits daran zweifelte, daß es sein eigener Geruch war. Er hätte jetzt gerne seine Angehörigen gesehen, bevor er begann, in Verwesung überzugehen und das Schauspiel des faulenden Fleischs Ekel in ihnen auslöste. Die Nachbarn würden entsetzt vor der Bahre fliehen, ein Taschentuch vor dem Mund. Sie würden erbrechen. Nein. Das nicht. Es war besser, wenn sie ihn begruben. Es war vorzuziehen, »dies« so rasch wie möglich loszuwerden. Er selbst wollte jetzt seinen eigenen Leichnam lossein. Nun wußte er, daß er wahrhaftig tot war oder zumindest kaum wahrnehmbar lebendig. Es kam aufs gleiche heraus. Auf alle Fälle hielt der »Geruch« an.

Entsagend würde er die letzten Gebete hören, die letzten lateinischen Brocken, von den Akoluthen falsch beantwortet. Die mit Staub und Knochen angefüllte Kälte des Friedhofs wird bis in seine Knochen dringen und vielleicht diesen »Geruch« ein wenig vertreiben. Vielleicht – wer weiß – wird der drohende Augenblick ihn aus seiner Lethargie lösen. Wenn er fühlt, daß er im eigenen Schweiß schwimmt, in einem schleimigen, zähflüssigen Wasser, so wie er vor seiner Geburt in der Gebärmutter seiner Mutter schwamm. Vielleicht lebt er dann.

Doch dann hat er sich bereits so sehr mit dem Sterben abgefunden, daß er vielleicht aus Entsagung stirbt.

(1947)

Die andere Rippe des Todes

Ohne zu wissen warum, fuhr er aus dem Schlaf auf. Kräftig und gebläht drang scharfer Veilchen- und Formaldehydgeruch aus dem Nebenzimmer herein und vermengte sich mit dem Duft jüngst erblühter Blumen, den der erwachende Garten hereinsandte. Er versuchte sich zu beruhigen, die Fassung wiederzugewinnen, die er plötzlich im Schlaf verloren hatte. Der Tag mußte bereits grauen, denn draußen im Garten hatte der Wassersprenkler auf dem Gemüse zu singen begonnen, und der Himmel war blau im geöffneten Fenster. Er ließ den Blick durch das dämmrige Zimmer gleiten und versuchte sich sein plötzliches, erwartetes Erwachen zu erklären. Er hatte den Eindruck, die *physische* Gewißheit, daß jemand eingetreten war, während er schlief. Trotzdem war er allein, und die von innen verschlossene Tür verriet keine Zeichen von Vergewaltigung. Über der Luft des Fensters erwachte ein Morgenstern. Er verharrte einen Augenblick still, als versuche er, die nervöse Spannung, die ihn an die Oberfläche des Schlafs getrieben hatte, zu lockern, und, auf dem Rücken liegend, die Augen schließend, suchte er von neuem den gerissenen Faden der Ruhe wiederzufinden. Das gestaute Blut machte sich in seiner Kehle Luft, und tiefer, in der Brust, schlug verzweifelt sein Herz, hämmerte, hämmerte, rasch und rhythmisch, als habe er einen atemlosen Lauf hinter sich. Er überdachte im Geist die vergangenen Minuten. Vielleicht hatte er einen seltsamen Traum gehabt. Es mochte ein Alptraum gewesen sein. Nein. »Daran« war nichts Besonderes, kein Anlaß zum Auffahren aus dem Schlaf.

Sie fuhren in einem Zug – jetzt erinnerte er sich daran – durch eine Landschaft – einen Traum, den er häufig geträumt hatte – mit Stilleben, bepflanzt mit künstlichen, falschen Bäumen, behängt mit Früchten, die Rasiermesser, Scheren und andere Barbierwerkzeuge waren –, jetzt fällt mir ein, ich muß mir die Haare schneiden lassen. Diesen Traum hatte er häufig geträumt, doch nie war er deshalb aus dem Schlaf aufgefahren. Hinter einem Baum stand sein Bruder, der andere, sein Zwilling, der, welcher am Nachmittag beerdigt worden war, und gestikulierte – das ist mir im wirklichen Leben gelegentlich passiert –, damit ich den Zug anhalte. Von der Nutzlosigkeit seiner Botschaft überzeugt, rannte er hinter dem Eisenbahnwagen her, bis er mit schaumbedecktem Mund keuchend zu Boden stürzte. Fraglos war das sein ungereimter, widersinniger Traum, der jedoch keinesfalls dies schreckhafte Erwachen bewirken konnte. Wieder schloß er die Augen, während seine Schläfen wie unter Faustschlägen ungestüm hochgeschossenen Bluts hämmerten. Der Zug fuhr durch eine dürre, unfruchtbare, langweilige Landschaft, und nun lenkte ein im linken Bein gefühlter Schmerz seine Aufmerksamkeit von der Landschaft ab. Er bemerkte, daß er – ich darf die engen Schuhe nicht mehr tragen – eine Geschwulst am mittleren Zeh hatte. Auf die natürlichste Weise und als tue er dies gewohnheitsgemäß, zog er einen Schraubenzieher aus der Tasche und entfernte damit den Kopf der Geschwulst. Behutsam legte er ihn in ein blaues Schächtelchen – sieht man im Traum Farben? – und sah durch den Schnitt das Ende einer fettig-gelben Schnur dringen. Ohne sich zu erregen, als habe er die Anwesenheit dieses Schnurendes erwartet, zog er langsam daran, behutsam und genau. Es war ein langes, ellenlanges Band, das unvermittelt hervorkam, ohne Belästigung oder Schmerz zu verursachen. Eine Sekunde später hob er den Blick und sah, daß der Eisenbahnwagen sich geleert hatte und daß im nächsten Wagen des Zuges nur noch sein als Frau verkleideter Bruder vor einem Spiegel saß und sich mit einer Schere das linke Auge auszustechen suchte.

Tatsächlich mißfiel ihm der Traum, doch vermochte er sich nicht zu erklären, warum sein Blutkreislauf stockte, wenn er bei den Malen davor, als die Alpträume schreckenerregend waren, die Ruhe zu bewahren vermocht hatte. Er fühlte, daß seine Hände kalt waren. Der Geruch nach Veilchen und Formaldehyd hielt an und wurde lästig, fast aufsässig. Mit geschlossenen Augen und dem Bemühen, den beschleunigten Atem zu mäßigen, versuchte er ein alltägliches Thema zu finden, um von neuem in den vor wenigen Minuten unterbrochenen Traum zu sinken. Er konnte zum Beispiel denken, in drei Stunden muß ich ins Bestattungsinstitut gehen, um die Kosten rückgängig zu machen. In der Zimmerecke hob eine schlaflose Zikade ihre Schelle, füllte den Raum mit ihrem schrillen, schneidenden Kehlengeräusch. Seine nervöse Spannung ließ langsam, aber wirksam nach, und wieder stellte er die Weichheit und Schlaffheit seiner Muskeln fest; er fühlte sich auf der weichen, dichten Matratze liegen, während sein leichter, schwereloser, von einer süßen Empfindung der Glückseligkeit und Müdigkeit durchdrungener Körper langsam das Bewußtsein von seiner stofflichen Struktur, von jener irdisch-schweren Substanz verlor, die ihn bestimmte, die ihn in eine unverwechselbare und genaue Zone der zoologischen Stufenleiter stellte und in seiner komplizierten Architektur eine ganze Summe von Systemen, von geometrisch umrissenen Organen trug, die ihn in die willkürliche Hierarchie der mit Vernunft begabten Tiere erhob. Die nunmehr gefügigen Lider fielen auf die Hornhaut mit der gleichen Natürlichkeit, mit der die Arme und die Beine sich mit einer Gesamtheit von Gliedern vermengten, die allmählich ihre Unabhängigkeit verloren;

als sei der ganze Organismus in einem einzigen, großen, umfassenden Organismus aufgegangen, und als habe er – der Mensch – seine sterblichen Wurzeln aufgegeben, um in andere, tiefere, festere Wurzeln einzudringen: in die ewigen Wurzeln eines umfassenden und endgültigen Traums.

Außen, an der Außenseite der Welt hörte er den Gesang der Zikade schwächer werden, bis er aus seinen Sinnen schwand, die sich nach innen gewandt hatten, ihn in ein neues einfaches Zeit- und Raumgefühl tauchten und die materielle, physische und schmerzliche, von Insekten und scharfen Veilchen- und Formaldehydgerüchen angefüllte Welt auslöschten.

Friedlich in das laue Klima begehrter Ruhe gehüllt, fühlte er die Leichtigkeit seines künstlichen, täglichen Todes. Er versank in einer liebenswerten Landschaft, in einer leichten, idealen Welt; einer wie von einem Kind entworfenen Welt ohne algebraische Gleichungen, ohne verliebte Abschiede und ohne Schwerkraft.

Er konnte nicht genau sagen, wie lange er so lag, zwischen dieser edlen Oberfläche aus Träumen und Wirklichkeiten; er erinnerte sich jedoch daran, daß er jäh, als hätte ein Messer ihm die Kehle durchschnitten, im Bett auffuhr und fühlte, daß sein Zwillingsbruder, sein toter Bruder auf dem Rand seines Bettes saß.

Wieder war sein Herz wie zuvor eine Faust, die ihm in den Mund fuhr und ihn aufspringen hieß. Das anbrechende Licht, die Zikade, die die Einsamkeit mit ihrer rauhen Drehorgel zermürbte, die frische Luft, die aus der Gartenwelt heraufdrang, all das trug dazu bei, ihn von neuem der wirklichen Welt zurückzugeben; doch diesmal vermochte er zu begreifen, warum er auffuhr. Während der kurzen Minuten des Dahinschlummerns und – nun wird es mir bewußt – während der ganzen Nacht, in der er einen friedlichen, einfachen Traum ohne *Gedanken* geträumt zu haben glaubte, war seine Erinnerung auf ein einziges, festes, unveränderliches Bild eingestellt gewesen; auf ein *autonomes* Bild, das sich seinem Denken, dem Willen und Widerstand eben dieses Denkens zum Trotz aufgezwungen hatte. Ja. Fast ohne daß es ihm aufgefallen war, hatte »dieses« Denken sich seiner bemächtigt, hatte ihn angefüllt, ihn ganz bewohnt, ihn in einen Bildhintergrund verwandelt, der hinter den anderen Gedanken unveränderlich blieb und den Rückhalt, das endgültige Rückgrat im geistigen Drama seines Tages und seiner Nacht ausmachte. Die Vorstellung vom Leichnam seines Zwillingsbruders hatte sich in seinem Lebenszentrum festgesetzt. Und nun, da jener in seinem Stückchen Erde ruhte, während seine Lider vom Regen zitterten, nun *hatte er Angst* vor ihm.

Er hatte nie geglaubt, daß der Schlag so heftig sein würde. Wieder drang durch das halbgeöffnete Fenster der Geruch, schon vermengt mit einem anderen Geruch nach feuchter Erde, nach versunkenen Knochen, und sein Geruchssinn strebte ihm freudig entgegen, mit der fürchterlichen Fröhlichkeit des tierischen Menschen. Manche Stunde war seit dem Augenblick vergangen, da er ihn *gesehen* hatte, wie er sich wie ein schwerverwundeter Hund unter den Laken gewälzt hatte, heulend und diesen letzten Schrei zerbeißend, der ihm die Salzkehle füllte und wie er mit den Nägeln den Schmerz zu zerreißen suchte, der *ihm* den Rücken hochkletterte bis zu den Wurzeln des Geschwürs. Er konnte nicht *seine* Holzhammerschläge eines sterbenden Tiers vergessen, rebellisch gegen die Wahrheit, die vor *ihm* aufgestanden war, die sich hartnäckig an *seinen* Körper gekettet hatte, mit einer unverwüstlichen Standhaftigkeit, endgültig wie der leibhaftige Tod. Er sah *ihn* in den letzten Augenblicken *seines* barbarischen Todeskampfes. Als er sich die Fingernägel an den Wänden zerbrach und sich damit das letzte Stück

Leben zerriß, das ihm zwischen den Fingern zerrann, das *sich ihm* verblutete, während der Brand *ihm* wie ein unerbittliches Weib den Rücken *zerfleischte*. Dann sah er *ihn* auf das zerwühlte Bett sinken mit nur wenig entsagender Müdigkeit, schweißüberströmt, als die schaumbedeckten Zähne der Welt ein grauenerregendes, schauerliches Lächeln zeigten und der Tod ihm wie ein Aschenfluß durch die Knochen zu eilen begann.

Jetzt dachte ich an das Geschwür, das nicht mehr in seinem Bauch schmerzte. Ich stellte es mir rund vor – nun hatte er die gleiche Empfindung –, geschwollen wie eine innere Sonne, unerträglich wie ein gelbes Insekt, das seine giftigen Fühler bis in die Tiefe der Eingeweide hinunterstreckte. (Er fühlte seine Weichteile wie vor der Notdurft nachgeben.) Vielleicht werde ich einmal ein Geschwür wie das seinige haben. Anfangs wird es eine kleine, jedoch wachsende Kugel sein, die sich verzweigen und in meinem Bauch anschwellen wird wie ein Embryo. Wahrscheinlich werde ich ihn fühlen, wenn er sich zu regen beginnt, wenn er mit der Wut eines schlafwandelnden Kindes nach innen wandern und blind in meinen Eingeweiden umhergehen wird – er preßte die Hände auf den Magen, um den stechenden Schmerz zu bezwingen –, mit begierig ins Dunkel ausgestreckten Händen, welche den warmen Mutterschoß, die gastliche Gebärmutter suchen, die er nie finden wird; während seine hundert Fangarme eines fantastischen Tiers sich zu einer langen gelben Nabelschnur verwickeln werden. Ja. Vielleicht habe ich – der Magen –, wie dieser Bruder, der soeben gestorben ist, ein Geschwür im Wurzelgrund der Eingeweide. Der Geruch, den der Garten verströmt hatte, kehrte jetzt stärker, widerlicher zurück, in einen ekelerregenden Pesthauch gehüllt. Die Zeit schien am Saum des Morgengrauens stehengeblieben zu sein. Gegen die

Fensterscheibe wirkte der Morgenstern wie geronnen, während das Nachbarzimmer, in dem die ganze vergangene Nacht der Leichnam gelegen hatte, nach wie vor seine starke Botschaft von Formaldehyd herüberschickte. Natürlich war es ein anderer Geruch als der des Gartens. Dies war ein beklemmenderer, spezifischerer Geruch als der gemischte Geruch der unterschiedlichen Blumen. Ein Geruch, der, einmal bekannt, mit Leichnamen zu tun hatte. Es war der eisige, wuchernde Geruch, den in ihm das Formaldehyd der Hörsäle hinterließ. Er dachte an das Laboratorium. Er erinnerte sich an die in reinem Alkohol konservierten Eingeweide; an sezierte Vögel. Das Fleisch eines formolgetränkten Kaninchens wird hart, das Wasser wird ihm entzogen, es verliert seine gefügige Geschmeidigkeit, bis es sich in ein unaufhörliches, verewigtes Kaninchen verwandelt. Formaldehyd. Woher mag der Geruch kommen? *Die einzige Art und Weise, der Fäulnis Halt zu gebieten.* Wenn wir Menschen Formol in den Adern *hätten, wären* wir wie in reinem Alkohol eingelegte anatomische Teile.

Draußen hörte er, wie der Regen immer härter gegen die Scheiben des halbgeöffneten Fensters prasselte. Frische, fröhliche Luft drang voll neuer Feuchtigkeit herein. Die Kälte seiner Hände nahm zu und ließ ihn die Gegenwart des Formols in seinen Arterien fühlen; als sei die Feuchtigkeit des Innenhofs bis in seine Knochen vorgestoßen. Feuchtigkeit. »Dort« herrscht viel Feuchtigkeit. Er dachte mit vagem Mißmut an die Winternächte, in denen der Regen das Gras durchdringen und die Feuchtigkeit auf der Flanke seines Bruders ruhen und seinen Leib wie ein echter Stromkreis umspülen wird. Es schien ihm, als bedürften die Toten eines anderen Kreislaufsystems, das sie einem anderen, unwiderruflichen und letzten Tod entgegenstürzen ließ. In diesem Augenblick wünschte er, daß es nicht mehr regnen möge, daß der Sommer eine ewig herrschende Jahreszeit sei. Bei dem, was er gerade dachte, ekelte ihn das aufsässige feuchte Geprassel auf den Fensterscheiben. Er wünschte, daß der Lehm der Friedhöfe trocken sei, immer trocken, denn der Gedanke beunruhigte ihn, daß nach Ablauf von vierzehn Tagen, wenn die Feuchtigkeit ihm durchs Rückenmark rann, es keinen anderen, ihm haargenau gleichen Menschen unter der Erde geben wird.

Ja. *Sie* waren Zwillingsbrüder, genau gleich, die auf den ersten Blick niemand auseinanderzuhalten vermochte. Vorher, als sie beide ihre getrennten Leben lebten, waren sie nur *zwei Zwillingsbrüder* gewesen, einfach und voneinander getrennt wie zwei verschiedene Menschen. *Geistig* gab es nichts Gemeinsames zwischen ihnen. Doch jetzt, da die Starre, die schreckliche Wirklichkeit ihnen wie ein wirbelloses Tier über den Rücken kroch, hatte sich etwas in ihrer Gesamtatmosphäre aufgelöst, etwas, das sich wie eine Leere ankündigte, als sei an ihren Flanken ein Abgrund aufgebrochen oder als habe ein Axthieb ihnen jählings die Hälfte ihres Körpers abgehackt; nicht dieses anatomisch genauen, einer vollkommenen Geometrie unterworfenen Körpers; nicht dieses nunmehr angstgeschüttelten, physischen Körpers, sondern eines anderen Körpers, der von weiter her als der seine kam, der mit ihm in der flüssigen Nacht des Mutterleibs gelegen hatte und mit ihm von den Zweigen einer uralten Geschlechterfolge abstammte; der mit ihm im Blut seiner vier Urgroßväter-Paare gewohnt hatte und aus dem Rückwärts, aus dem Anfang der Welt kam und mit seinem Gewicht, mit seiner geheimnisvollen Gegenwart das gesamte Gleichgewicht des Weltalls aufrechterhielt. Es könnte sein, daß er im Blut von Isaak und Rebekka gewesen war, daß sein anderer Bruder, an seine Fessel gebunden, geboren worden war und vorwärtsstürzte von

Generation zu Generation, Nacht auf Nacht, von Kuß zu Kuß, von Liebe zu Liebe und durch Arterien und Hoden herabstieg, bis er wie auf nächtlicher Reise im Schoß seiner letzten Mutter anlangte. Die geheimnisvolle Ahnenreise stellte sich ihm jetzt schmerzlich und wahrhaftig dar, jetzt, da das Gleichgewicht zerstört und die Gleichung endgültig hergestellt worden war. Er wußte, daß etwas seiner persönlichen Harmonie fehlte, seiner formalen und alltäglichen Vollständigkeit: *Jakob hatte sich unwiederbringlich von seinen Fußknöcheln befreit!*

Während der Tage, an denen sein Bruder krank war, hatte er diese Empfindung nicht, weil dessen abgezehrtes, vom Fieber und Schmerz verklärtes, seit langem unrasiertes Gesicht so sehr von dem seinen abstach.

Sobald er erst einmal regungslos war, beugte er sich über seinen totalen Tod, rief er einen Barbier, damit dieser den Leichnam »in Ordnung brächte«. Er war da und lehnte an der Wand, als der weißgekleidete Mann kam, bewaffnet mit dem reinlichen Werkzeug seines Berufs ... Mit der Präzision eines Maestros bedeckte er den Bart des Toten mit Seifenschaum – den schäumenden Mund. So sah ich ihn vor dem Sterben – und langsam wie jemand, der ein furchterregendes Geheimnis offenbart, begann er ihn zu rasieren. Bei dieser Gelegenheit überfiel ihn »diese« gräßliche Idee. Je deutlicher das bleiche, erdfarbene Gesicht des Zwillingsbruders unter dem arbeitenden Rasiermesser auftauchte, desto tiefer fühlte er, daß jener Leichnam nicht eine ihm *fremde Sache* sei, sondern daß er geschaffen war aus der ihm gleichen irdischen Substanz, daß er seine eigene Wiederholung war ... Er erfuhr die seltsame Empfindung, daß seine Eltern dem Spiegel sein Bild entzogen hatten, das Bild, welches er im Glas gespiegelt sah, wenn er sich rasierte. Jetzt, da dies Bild auf jede einzelne seiner Bewegungen antwortete, hatte es

Unabhängigkeit gewonnen. Er hatte es bei anderen Gelegenheiten sich jeden Morgen rasieren sehen. Jedoch wohnte er nun der dramatischen Erfahrung bei, daß ein anderer Mann seinem Spiegelbild den Bart abnahm und dabei auf seine eigene physische Gegenwart verzichtete. Er hatte die Gewißheit, die Sicherheit, daß, hätte er sich in jenem Augenblick einem Spiegel genähert, er ihn als blanke Scheibe angetroffen hätte, auch wenn die Physik keine genaue Erklärung für dieses Phänomen bereitgehalten hätte. Es war das Bewußtsein, gespalten zu sein. Sein Doppelgänger war ein Leichnam! Verzweifelt tastete er, im Versuch zu reagieren, die feste Wand ab, und bei der Berührung durchfuhr es ihn wie ein Sicherheitsstrom. Der Barbier beendete seine Arbeit und schloß dem Leichnam die Lider mit der Spitze der Schere. In ihm zitterte die Nacht in der unwiderruflichen Einsamkeit des losgerissenen Leibes. So waren sie genau gleich. Zwei identische, unruhig wiederholte Brüder.

Doch jetzt, als er diese beiden so innigst verbundenen Naturen beobachtete, überkam ihn die Ahnung, daß etwas Außergewöhnliches, Unerwartetes geschehen würde. Er stellte sich vor, daß die Trennung der beiden Körper im Raum nur scheinbar war, während in Wirklichkeit beide eine einzige, ganzheitliche Natur besaßen. Vielleicht, wenn die organische Zersetzung den Toten erreicht, beginnt er, der Lebende, in seiner belebten Welt gleichfalls zu faulen.

Er hörte den Regen mit größerer Gewalt gegen die Scheiben trommeln, hörte, wie die Zikade mit einemmal ihre Saite zu sprengen drohte. Nun waren seine Hände eiskalt, von einer unmenschlichen Eiseskälte. Der besonders starke Geruch nach Formaldehyd ließ ihn an die Möglichkeit denken, sich die Fäulnis zuzuziehen, die sein Zwillingsbruder von dort, aus seinem eisigen Erdloch mitteilte. Doch das war absurd! Vielleicht war das Phänomen umgekehrt: den Einfluß mußte er ausüben, er, der noch am Leben war mit seiner Energie, mit seiner lebensvollen Zelle! Vielleicht blieben – auf dieser Ebene – er und auch sein Bruder unversehrt und hielten so ein Gleichgewicht zwischen dem Leben und dem Tod aufrecht, um sich gegen die Fäulnis zu wappnen. Doch wer vermochte das zu gewährleisten? War es nicht trotzdem möglich, daß der beerdigte Bruder unverweslich blieb, während die Fäulnis mit ihren blauen Polypen den Lebenden überfiel?

Er dachte, daß letzteres anzunehmen, am wahrscheinlichsten sei, und fand sich damit ab, die Ankunft seiner grauenerregenden Stunde abzuwarten. Sein Fleisch war weich und fetthaltig geworden, und er glaubte zu fühlen, daß ihn eine blaue Schicht ganz bedeckte. Er schnüffelte abwärts, in Erwartung seiner eigenen Körpergerüche, doch nur das Formol des Nachbarzimmers ließ seine Nasenflügel unmißverständlich und eisig erbeben. Dann beschäftigte ihn nichts mehr. In ihrem Winkel stimmte die Grille wiederum ihre Kantilene an, während ein dicker, genauer Tropfen aus dem freien Himmel ganz im Mittelpunkt des Raums durchzusickern begann. Er hörte ihn ohne Überraschung fallen, weil er wußte, daß an dieser Stelle das Holz alt und morsch war, doch stellte er sich jenen Tropfen von frischem, gutem, freundlichem Wasser gebildet vor, er kam vom Himmel, aus einem besseren Leben, von weiter her und nicht so vollgestopft mit derartig törichten Erscheinungen wie Liebe oder wie Verdauung und Zwillingsschaft. Vielleicht würde dieser Tropfen den Raum innerhalb von einer Stunde füllen oder innerhalb von tausend Jahren und würde diesen tödlichen Panzer, diese eitle Substanz, die vielleicht – warum nicht? – binnen weniger Augenblicke nichts als ein teigiges Gemisch aus Albumin und

Molke sein würde, auflösen. Nun war alles gleich. Zwischen ihm und seinem Grab stand nur noch sein eigener Tod. Entsagend hörte er den dicken, schweren, genauen Tropfen, der in jener anderen Welt schlug, in jener verfehlten und ungereimten Welt der mit Vernunft begabten Tiere.

(1948)

Eva ist in ihrer Katze

Plötzlich merkte sie, daß ihre Schönheit abgefallen war, daß diese sie körperlich schmerzte wie eine Geschwulst oder ein Krebsgeschwür. Sie erinnerte sich noch an die Last dieses Vorrechts, das sie während ihrer Jugend auf ihrem Körper getragen und das sie nun fallen gelassen hatte – wer weiß wohin –, mit entsagender Müdigkeit, mit der letzten Gebärde eines entarteten Tiers. Sie konnte diese Last unmöglich noch länger tragen. Sie mußte dieses nutzlose Eigenschaftswort ihrer Persönlichkeit irgendwo abwerfen; dieses Stück ihres eigenen Namens, das vom vielen Betonen überflüssig geworden war. Ja; sie mußte die Schönheit irgendwo zurücklassen; hinter einer Straßenecke, in einem Vorstadtwinkel. Oder sie am Kleiderständer eines zweitrangigen Restaurants wie einen alten unbrauchbaren Mantel aus Versehen hängen lassen. Sie war es müde, Mittelpunkt so vieler Aufmerksamkeiten zu sein, von den aufgerissenen Augen der Männer belagert zu leben. Abends, wenn sie die Nadeln der Schlaflosigkeit auf ihre Lider steckte, wäre sie gerne eine gewöhnliche, reizlose Frau gewesen. In den vier Wänden ihres Zimmers war ihr alles feindlich gesonnen. Verzweifelt fühlte sie, wie die Nachtwache sich unter ihrer Haut, in ihren Kopf hinein verlängerte, und das Fieber nach oben bis in ihre Haarwurzeln stieß. Es war, als hätten sich ihre Arterien mit winzigen heißen Insekten bevölkert, die beim Nahen des Tages erwachten und mit behenden Füßen in einem hemmungslosen subkutanen Abenteuer über dieses sprießende Stück Lehm liefen, in dem sich ihre anatomische Schönheit angesiedelt hatte. Vergeblich kämpfte sie, um jene schrecklichen Tiere zu vertreiben. Sie vermochte es nicht. Sie waren Teil ihres eigenen Organismus. Sie waren da und lebten seit vielen Jahren von ihrer leiblichen Existenz. Sie kamen aus dem Herzen ihres Vaters, der sie in ihren Nächten verzweifelter Einsamkeit schmerzlich genährt hatte. Vielleicht waren sie auch in ihre Arterien durch die Nabelschnur eingemündet, mit der sie seit dem Anbeginn der Welt mit ihrer Mutter verknüpft war. Diese Insekten waren fraglos nicht unmittelbar in ihrem Körper entstanden. Sie wußte, daß sie von weither kamen, daß alle, die ihren Namen trugen, sie ertragen mußten, sie erleiden mußten wie sie, wenn ihre Schlaflosigkeit sie bis zum Morgengrauen knebelte. Es waren die gleichen Insekten, welche diesen bitteren Anflug, diese untröstliche Traurigkeit auf die Gesichter ihrer Vorfahren malte. Sie hatte jene aus ihrer erloschenen Existenz, aus ihrem alten Porträt herüberblicken sehen, Opfer dieser selben Angst. Noch immer erinnerte sie sich an das beunruhigende Gesicht der Urgroßmutter, die von ihrer altersschwachen Leinwand herunter um eine Minute des Ausruhens bat, um eine Sekunde des Friedens von diesen Insekten, die dort in den Kanälen ihres Bluts sie noch immer peinigten und unbarmherzig verschönten. Nein; diese Insekten waren nicht die ihren. Sie überlieferten sich von Generation zu Generation und hielten mit ihrem winzigen Panzer all das Prestige einer erwählten, schmerzlich erwählten Rasse hoch. Diese Insekten waren im Bauch der ersten Mutter entstanden, die eine schöne Tochter geboren hatte. Doch es war unbedingt notwendig, dieser Erbschaft Einhalt zu gebieten. Jemand mußte darauf verzichten, diese künstliche Schönheit weiterzutragen. Es nutzte den Frauen ihrer Klasse nichts, nach der Rückkehr vom Spiegel über sich selbst zu staunen, wenn während der Nächte diese Tiere ihre langsame, wirksame, unermüdliche Arbeit mit einer Beharrlichkeit von Jahrhunderten verrichteten. Das war schon keine Schönheit mehr, es war eine Krankheit, der es Einhalt zu gebieten, die es energisch und radikal zu kupieren galt.

Sie erinnerte sich noch an die nicht enden wollenden Stunden in ihrem von heißen Nadeln übersäten Bett. An jene Nächte, in denen sie die Zeit voranzutreiben suchte, damit diese Tiere bei Tagesanbruch nicht mehr schmerzten. Wozu nutzte eine Schönheit wie diese? Nacht für Nacht, in ihrer Verzweiflung versunken, dachte sie, es hätte ihr mehr genutzt, wenn sie eine gewöhnliche Frau oder ein Mann gewesen wäre, statt diese nutzlose Tugend zu besitzen, genährt von Insekten ferner Ursprünge, welche die unwiderrufliche Ankunft des Todes für sie beschleunigten. Vielleicht würde sie glücklich sein, wenn sie ebenso plump, ebenso trostlos häßlich wäre wie ihre tschechischc Freundin, die einen Hundenamen besaß. Es hätte ihr mehr genutzt, häßlich zu sein, um friedlich schlafen zu können wie jeder beliebige Christenmensch.

Sie verwünschte ihre Vorfahren. Sie waren schuld an ihrer Schlaflosigkeit. Sie hatten ihr diese unverwechselbare, genaue Schönheit mitgegeben, als schüttelten die Mütter nach ihrem Tod die Köpfe und erneuerten sie, um sie den Rümpfen ihrer Töchter aufzusetzen. Es war, als habe sich der gleiche Kopf, ein einziger Kopf mit den gleichen Ohren, mit der gleichen Nase, mit identischem Mund, mit seiner schwerfälligen Intelligenz auf alle Frauen übertragen, die ihn unrettbar empfangen mußten, wie ein schmerzliches Erbteil an Schönheit. Hier, in der Übertragung des Kopfes, war diese ewige Mikrobe, die sich im Verlauf der Generationen durchgesetzt, Persönlichkeit und Kraft gewonnen hatte, bis sie sich in ein unbezwingliches Wesen, in eine unheilbare Krankheit verwandelt hatte, die, als sie bei ihr ankam, nachdem sie einen komplizierten Prozeß der Kontrolle durchlaufen hatte, nicht mehr zu ertragen war und bitter wurde und schmerzhaft ... Genau wie eine Geschwulst oder wie ein Krebsgeschwür.

In diesen Stunden der Schlaflosigkeit erwachte sie aus den unangenehmen Dingen zu ihrer großen Empfindsamkeit. Sie erinnerte sich an diese Gegenstände, die das Weltall der Empfindungen ausmachten, in denen wie in einem chemischen Saft jene beklemmenden Mikroben gezüchtet worden waren. In diesen Nächten ertrug sie mit runden, weitaufgerissenen, verwunderten Augen die Last der Dunkelheit, die auf ihre Schläfen fiel wie flüssiges Blei. Rings um sie her schliefen alle Dinge. Und von ihrem Winkel aus ließ sie, um ihren Schlaf zu zerstreuen, die Erinnerungen ihrer Kindheit vorüberziehen.

Doch stets endete dies Erinnern mit dem Schrecken vor dem Unbekannten. Stets landete ihr Denken, nachdem es durch die dunklen Ecken des Hauses geirrt war, vor der Angst. Dann begann der Kampf. Der wahre Kampf gegen drei unerschütterliche Feinde. Nie würde sie, niemals würde sie die Angst von ihrem Kopf abschütteln können. An ihre Kehle geklammert, mußte sie sie ertragen. Und nur, weil sie in diesem alten Herrenhaus wohnte, weil sie allein in diesem Winkel schlief, abgesondert von der übrigen Welt.

Immer wanderte ihr Denken durch die feuchten Gänge und schüttelte den mit Spinnweben bedeckten Staub von den Porträts. Dieser beunruhigende, schrekkenerregende Staub, der von dem Ort herabfiel, an dem die Gebeine ihrer Vorfahren zerfielen. Unweigerlich erinnerte sie sich an »das Kind«. Dort stellte sie sich es vor, schlafwandelnd, unter der Grasnarbe im Innenhof neben dem Orangenbaum mit einer Handvoll feuchter Erde im Mund. Sie glaubte es in seiner Lehmgrube zu sehen, mit Fingernägeln und Zähnen aufwärts grabend und vor der Kälte fliehend, die ihm im Rücken nagte; durch den kleinen Tunnel, in den man es mit den Schnecken gesteckt hatte, einen Ausweg in den Innenhof suchend. Im Winter hörte sie es, schmutzig von Lehm, vom Regen durchnäßt, leise weinen. Vollkommen sah sie es vor sich. So wie man es vor fünf Jahren in dem mit Wasser angefüllten Loch zurückgelassen hatte. Es wollte ihr nicht in den Kopf, daß es sich zersetzt hätte. Im Gegenteil, es mußte bildschön sein, wie es in dem dickflüssigen Wasser segelte, wie auf einer ausweglosen Reise. Oder sie sah es lebend, jedoch verstört und angstvoll, sich allein und in einem so düsteren Innenhof beerdigt zu fühlen. Sie selbst hatte sich dem Entschluß widersetzt, daß man es unter dem Orangenbaum so nahe am Haus zurückließ. Sie hatte Angst vor ihm. Sie wußte, daß es dies ahnen würde, wenn die Schlaflosigkeit sie nachts heimsuchte. Es würde durch die engen Gänge zurückkommen und sie bitten, es zu begleiten, sie bitten, es gegen die anderen Insekten zu verteidigen, welche die Wurzeln seiner Veilchen abfraßen. Es würde wiederkehren, damit man es an ihrer Seite schlafen ließe wie zu der Zeit, als es am Leben war. Sie hatte Angst davor, es von neuem neben sich zu spüren, nachdem es die Mauer des Todes übersprungen hatte. Sie hatte Angst davor, die Hände zu stehlen, welche »das Kind« immer geschlossen halten würde, um sein Stückchen Eis zu erwärmen. Nachdem sie es zu Zement verwandelt gesehen hatte wie die in den Schlamm gestürzte Statue der Angst, wünschte sie, daß es weit weg geführt werde, damit sie sich seiner nicht des Nachts erinnerte. Dennoch hatte man es da gelassen, wo es unerschütterlich und schmutzig war und wo es sein Blut mit dem Kot der Würmer ernährte. Und sie mußte sich damit abfinden, es aus seiner Höhle der Finsternis zurückkehren zu sehen. Denn immer und unweigerlich, wenn sie schlaflos lag, dachte sie an »das Kind«, das sie sicherlich aus seinem Stückchen Erde rief, damit sie ihm dabei half, diesem ungereimten Tod zu entkommen.

Doch jetzt, in ihrem neuen zeitlichen, unräumlichen Leben war sie ruhiger. Sie wußte, daß dort, außerhalb ihrer Welt, alles im gleichbleibenden Rhythmus von einst weiterging; daß ihr Zimmer noch im Morgengrauen versunken sein mußte und daß ihre Dinge, ihre Möbel, ihre dreizehn Lieblingsbücher noch an Ort und Stelle stehen mußten. Und daß in ihrem unbenutzten Bett der Körpergeruch, der jetzt ihre Leere einer ganzen Frau einnahm, eben erst zu schwinden begann. Aber wie konnte »das« geschehen? Wie hatte sie, nachdem sie eine schöne Frau gewesen war, das Blut von Insekten bevölkert, in der totalen Nacht von Angst verfolgt, den riesigen, schlaflosen Alptraum hinter sich gelassen, um nun in eine seltsame, unbekannte Welt einzutreten, in der alle Größenverhältnisse ausgemerzt waren? Sie besann sich. In jener Nacht – die ihres Übergangs – war es kälter gewesen als gewöhnlich; von Schlaflosigkeit gepeinigt, hatte sie allein im Haus gelegen. Niemand störte die Stille, und der vom Garten aufsteigende Geruch war Angstgeruch gewesen. Der Schweiß drang aus ihrem Körper, als sei das Blut unter dem Druck der Insekten aus ihren Arterien geflossen. Sie hatte gewünscht, daß jemand auf der Straße vorbeiging, daß jemand schrie, die stockende Atmosphäre durchbrach. Daß sich etwas in der Natur bewegte, daß die Erde wieder um die Sonne kreiste. Es war vergebens. Nicht einmal die törichten Männer, die dicht unter ihrem Ohr, in ihrem Kopfkissen, eingeschlafen waren, würden erwachen. Auch sie war regungslos. Die Wände verströmten einen starken Geruch nach frischer Farbe, jenen zähflüssigen überwältigenden Geruch, den man nicht mit dem Geruchssinn, sondern mit dem Magen riecht. Und auf dem Tisch schlug die einzige Uhr mit ihrem tödlichen Werk die

Stille. »Die Zeit ... ach, die Zeit ...!« seufzte sie und dachte an den Tod. Und draußen im Innenhof unter dem Orangenbaum weinte noch immer »das Kind«, weinte leise aus der anderen Welt herüber.

Sie nahm Zuflucht zu all ihren Glaubenssätzen. Warum wurde es in diesem Augenblick nicht Tag, oder warum starb man nicht ein für allemal? Sie hatte nie geglaubt, daß die Schönheit sie so viele Opfer kosten könne. In jenem Augenblick – wie üblich – tat es ihr über ihre Angst hinaus weh. Und unter der Angst peinigten sie diese unbarmherzigen Insekten. Der Tod klammerte sich an ihr Leben wie eine Spinne, die sie wütend biß, entschlossen, sie zum Erliegen zu bringen. Sie aber zögerte diesen letzten Augenblick hinaus. Ihre Hände, diese Hände, welche die Männer stets mit solch offensichtlicher tierischer Nervosität drückten, waren reglos, gelähmt von der Angst, von dem irrationalen Schrecken, der aus ihrem Innern drang, grundlos und nur weil sie sich in dem alten Haus verlassen wußte. Sie versuchte zu reagieren und vermochte es nicht. Die Angst hatte sie ganz in den Fängen und verharrte dort, starr, hartnäckig, fast körperhaft, als sei sie ein unsichtbarer Mensch, der sich vorgenommen hatte, ihr Zimmer nicht zu verlassen. Noch stärker beunruhigte sie, daß diese Angst nicht die geringste Rechtfertigung besaß, daß es eine einzige, grundlose, unerklärliche Angst war.

Dicker Speichel lag auf ihrer Zunge. Quälend war dieses zähflüssige Gummi zwischen den Zähnen, das ihren Gaumen belagerte und floß, ohne daß sie ihm Einhalt gebieten konnte. Es war ein Verlangen, anders als Durst. Ein über alles gehendes Verlangen, das sie zum ersten Mal in ihrem Leben verspürte. Einen Augenblick lang vergaß sie ihre Schönheit, ihre Schlaflosigkeit und ihre irrationale Angst. Sie kannte sich selber nicht mehr. Einen Augenblick dachte sie, die Mikroben hätten ihren Körper verlassen. Es kam ihr vor, als wären sie im Schlepptau ihres Speichels gekommen. Ja, all das war gut und schön. Schön, daß die Insekten sie entvölkert hatten und sie nun schlafen konnte, doch dazu war es notwendig, daß sie ein Mittel fand, um jenes ihre Zunge verklebende Harz aufzulösen. Wenn es ihr gelänge, bis zur Speisekammer zu gelangen und ... Aber woran dachte sie? Sie war baß erstaunt. Nie hatte sie ein »solches Verlangen« verspürt. Die Stärke der Säure hatte sie geschwächt, hatte die Disziplin, der sie so viele Jahre seit dem Tag, an dem »das Kind« beerdigt worden war, getreulich gefolgt war, wertlos gemacht. Es war Torheit, aber sie verspürte Widerwillen, eine Orange zu essen. Sie wußte, daß »das Kind« zu den Orangenblüten emporgeklettert war und daß die Früchte des nächsten Herbstes von seinem Fleisch schwellen, von der ungeheuren Frische seines Todes erfrischt sein würden. Nein. Sie könnte sie nicht essen. Sie wußte, daß unter einem jeden Orangenbaum auf der ganzen Welt ein Kind begraben lag, das die Früchte mit dem Kalk seiner Knochen versüßte. Trotzdem mußte sie jetzt eine Orange essen. Es war die einzige Medizin gegen dieses Gummi, das sie erstickte. Es war Torheit anzunehmen, daß »das Kind« in einer Frucht war. Sie würde diesen Augenblick nutzen, in dem die Schönheit ihr nicht mehr weh tat, um bis zur Speisekammer zu gelangen. Aber ... war das nicht sonderbar? Es war das erste Mal in ihrem Leben, daß sie wirkliches Verlangen verspürte, eine Orange zu essen. Sie wurde fröhlich, fröhlich. Ah, welches Vergnügen! Eine Orange zu essen. Sie wußte nicht warum, doch nie hatte sie ein so gebieterisches Verlangen verspürt. Sie würde aufstehen, glücklich, wieder eine normale Frau zu sein, froh singend würde sie in die Speisekammer gelangen, froh singend wie eine junge, jüngst geborene Frau. Sie würde sogar bis in den Innenhof gelangen und ...

Plötzlich riß ihre Erinnerung ab. Sie erinnerte sich, daß sie versucht hatte, aufzustehen, und daß sie nicht mehr in ihrem Bett lag, daß ihr Körper verschwunden war, daß ihre dreizehn Lieblingsbücher nicht mehr da waren und daß sie nicht mehr sie war. Jetzt war sie körperlos, schwebend, sie schwamm über einem vollständigen Nichts, verwandelt in einen formlosen, winzigkleinen, richtungslosen Punkt. Sie vermochte das Geschehen nicht genau zu bestimmen. Sie war verwirrt. Sie hatte nur die Empfindung, daß jemand sie in einen Abgrund hinuntergestürzt hatte. Sie fühlte sich in ein abstraktes, imaginäres Wesen verwandelt. Sie fühlte sich in eine körperlose Frau verwandelt, so, als wäre sie mit einemmal in jene hohe unbckannte Welt der reinen Geister eingetreten.

Wieder befiel sie Angst. Doch es war eine vom Augenblick zuvor verschiedene Angst. Es war nicht mehr die Angst vor dem Weinen »des Kindes«. Es war Entsetzen vor dem Seltsamen, dem Geheimnisvollen und Unbekannten ihrer neuen Welt. Und zu denken, daß all das derart harmlos, mit so großer Ahnungslosigkeit ihrerseits vor sich gegangen war! Was würde sie ihrer Mutter sagen, wenn diese nach Hause kam und von dem Ereignis erfuhr? Sie begann an die Aufregung zu denken, die unter den Nachbarn entstehen würde, wenn sie die Tür zu ihrem Zimmer öffneten und entdeckten, daß ihr Bett leer war, daß niemand hatte herein- oder herauskommen können und daß sie dennoch nicht darin war. Sie stellte sich die verzweifelte Gebärde ihrer Mutter vor, die das ganze Zimmer nach ihr durchsuchte, Mutmaßungen anstellte und sich selber fragte, »was aus dem kleinen Mädchen geworden war«. Sie sah die Szene vor sich. Die Nachbarn würden herbeieilen und Meinungen, darunter böswillige Meinungen, über ihr Verschwinden äußern. Ein jeder von ihnen würde der eigenen und für ihn besonderen Denkweise gemäß denken. Ein jeder von ihnen würde versuchen, die logischste, die zumindest annehmbarste Erklärung anzubieten, während ihre Mutter, verzweifelt nach ihr rufend, durch die Gänge des Herrenhauses rennen würde.

Sie würde dabei sein. Würde den Augenblick betrachten, Einzelheit für Einzelheit, aus einer Ecke, von der Decke herab, aus den Mauerritzen, aus irgendeinem Versteck; vom günstigsten Blickwinkel aus, beschirmt von ihrem körperlosen Zustand, von ihrer Raumlosigkeit. Daran zu denken, machte sie unruhig. Nun wurde sie sich ihres Irrtums bewußt. Sie würde keinerlei Erklärung abgeben, nichts aufklären, niemanden trösten können. Kein lebendes Wesen könnte über ihre Verwandlung in Kenntnis gesetzt werden. Nun würde sie – vielleicht das einzige Mal, daß sie ihrer bedurfte – keinen Mund haben, keine Arme, damit alle erführen, daß sie da war, in ihrem Winkel, durch unrettbare Entfernung von der dreidimensionalen Welt getrennt. Sie war in ihrer neuen Welt abgesondert und wurde vollständig daran gehindert, Sinneswahrnehmungen zu empfangen. Doch etwas zitterte jeden Augenblick in ihr, ein Beben durchlief sie, überschwemmte sie, unterrichtete sie über jenes andere körperliche Weltall, das sich außerhalb ihrer Welt bewegte. Sie hörte nicht, sah nicht, *wußte* aber von diesem Ton und diesem Bild. Und dort, auf den Höhen ihrer erhabenen Welt, begann sie zu erfahren, daß eine Aura der Angst sie umgab.

Erst vor einer Sekunde – in Übereinstimmung mit unserer zeitlichen Welt – hatte sich der Übergang vollzogen, so daß sie erst jetzt die Eigenarten, die Charakteristiken ihrer neuen Welt kennenzulernen begann. Um sie kreiste tiefste, wurzelhafteste Dunkelheit. Bis wann würde diese Finsternis andauern? Würde sie sich auf ewig daran gewöhnen müssen? Ihre Angst nahm an Intensität zu, als sie sich in diesem dichten, undurchdringlichen Nebel versunken wußte: Ob sie in einer Vorhölle schmachtete? Sie erzitterte. Sie erinnerte sich an alles, was sie über die Vorhölle hatte sagen hören. Wenn sie in Wirklichkeit da war, schwebten neben ihr andere reine Geister von Kindern, die ohne Taufe gestorben waren, die tausend Jahre hindurch dem Tode verfallen waren. Sie versuchte sich diesen Wesen im Schattenreich zu nähern, die so viel reiner, so viel schlichter sein mußten als sie selber. Vollständig getrennt von der physischen Welt, zu einem schlafwandlerischen und ewigen Leben verurteilt. Vielleicht suchte »das Kind« einen Ausgang, um zu seinem Körper zu gelangen.

Doch nein. Warum sollte sie wohl in der Vorhölle sein? War sie etwa tot? Nein. Es war einfach eine Veränderung des Zustands, ein normaler Übergang aus der physischen Welt in eine leichtere, unkomplizierte Welt, in der alle Dimensionen ausgelöscht worden waren.

Jetzt hatte sie nicht mehr unter den subkutanen Insekten zu leiden. Ihre Schönheit war zerfallen. Jetzt, in dieser Grundsituation, konnte sie glücklich sein. Wenn auch – oh! – nicht vollkommen glücklich, weil ihr größter Wunsch, der Wunsch, eine Orange zu essen, nicht mehr zu verwirklichen war. Es war das einzige, weshalb sie noch gerne in ihrem ersten Leben gewesen wäre. Um das Bedürfnis nach Säure zu befriedigen, das nach dem Übergang noch in ihr wach war. Sie versuchte sich zu orientieren, um in die Speisekammer zu gelangen und wenigstens die frische säuerliche Gesellschaft der Orangen zu spüren. Jetzt entdeckte sie eine neue Eigenart ihrer Welt: sie war im Haus überall, im Hof, auf dem Dach, sogar im Orangenbaum »des Kindes«. Sie war in der ganzen jenseitigen körperlichen Welt. Und doch war sie nirgendwo. Von neuem wurde sie unruhig. Sie hatte die Kontrolle über sich verloren. Sie war einen höheren Willen ausgeliefert, sie war ein unnützes, ungereimtes, unbrauchbares Wesen. Ohne zu wissen warum, wurde sie mit einemmal traurig. Fast begann sie Sehnsucht nach ihrer Schönheit zu leiden: nach der Schönheit, die sie töricht vergeudet hatte.

Doch eine großartige Idee belebte sie wieder. Hatte sie nicht sagen hören, daß die reinen Geister nach Belieben jeden beliebigen Körper durchdringen können? Was konnte sie schließlich verlieren, wenn sie es versuchte? Sie suchte sich daran zu erinnern, welcher der Hausbewohner der Probe unterzogen werden konnte. Wenn es ihr gelang, ihre Absicht durchzuführen, wäre sie befriedigt: sie würde die Orange essen können. Sie erinnerte sich. Zu dieser Stunde waren die Dienstboten für gewöhnlich nicht da. Ihre Mutter war noch nicht gekommen. Doch das Bedürfnis, eine Orange zu essen, nun vereint mit der Neugierde, sich in einen, von dem ihren verschiedenen, Leib verkörpert zu sehen, zwang sie, so rasch wie möglich zu handeln. Doch da war niemand, in den sie sich verkörpern konnte. Als Grund war es trostlos: es war niemand im Haus. Sie würde ewig von der äußeren Welt in ihrer dimensionslosen Welt leben müssen, ohne die erste Orange essen zu können. Und das alles nur wegen einer Torheit. Es wäre besser gewesen, wenn sie noch ein paar Jahre diese feindselige Schönheit ertragen und sich nicht für immer ausgelöscht, sich wie ein besiegtes Tier unbrauchbar gemacht hätte. Doch es war bereits zu spät.

Sie wollte sich enttäuscht in eine ferne Region des Weltalls zurückziehen, in eine Gegend, wo sie alle ihre verflossenen irdischen Wünsche vergessen konnte. Doch etwas ließ sie plötzlich davon Abstand nehmen.

In ihrer unbekannten Gegend eröffnete sich ihr die Verheißung einer besseren Zukunft. Ja, es war jemand im Haus, dessen Leib sie annehmen konnte: die Katze! Doch schon zögerte sie. Es war schwierig, sich damit abzufinden, in einem Tier zu leben. Sie würde das weiche weiße Fell der Katze haben, in ihren Muskeln würde große Sprungkraft wohnen. Nachts würde sie ihre Augen im Dunkeln wie grüne Glut funkeln fühlen. Sie würde weiße scharfe Zähne haben, um ihrer Mutter aus ihrem Raubkatzenherzen mit breitem gutem Tierlächeln zuzulächeln. Doch nein! Es durfte nicht sein. Sie stellte sich plötzlich vor, wie sie in dem Katzenkörper durch die Flure des Hauses strich und ihre unbequemen vier Pfoten gebrauchte, und ihr Schweif würde sich zügellos bewegen, ohne Rhythmus, ihrem Willen fremd. Wie würde das Leben in diesen grünen leuchtenden Augen sein? Nachts würde sie zum Himmel aufmiauen, damit er nicht seinen Mondzement auf das Gesicht »des Kindes« verschütte, das auf dem Rücken Tau trank. Vielleicht würde sie in ihrem Zustand einer Katze auch Angst haben. Schließlich würde sie vielleicht mit diesem fleischfressenden Katzenmaul nicht die Orange essen können. Ein gerade entstandener, aus der Wurzel ihres Geistes auftauchender Kälteschauer zitterte in ihrer Erinnerung. Nein. Es war unmöglich, sich in den Leib einer Katze zu verwandeln. Sie hatte Angst vor dem Gedanken, eines Tages im Gaumen, in der Kehle, in ihrem vierfüßigen Organismus das unwiderrufliche Verlangen zu spüren, eine Maus zu essen. Doch sobald ihr Geist den Katzenkörper bevölkerte, würde sie vermutlich kein Verlangen mehr nach einer Orange, sondern das widerwärtige lebendige Verlangen nach einer Maus verspüren. Sie erzitterte bei der Vorstellung, daß das Tier nach beendeter Jagd zwischen ihren Zähnen zappeln würde. Sie fühlte, wie es sich im letzten Fluchtversuch wehrte und sich zu befreien suchte, um wieder in sein Loch zu gelangen. Nein. Alles, nur das nicht. Sie zog vor, ewig und immer in dieser fernen geheimnisvollen Welt der reinen Geister zu bleiben.

Und doch war es schwer, sich mit einem auf immer vergessenen Leben abzufinden. Warum sollte sie Verlangen verspüren, eine Maus zu sehen? Wer würde den Vorrang in dieser Synthese aus Frau und Katze haben? Würde es der primitive Tierinstinkt des Körpers sein oder der reine Wille einer Frau? Die Antwort war kristallklar. Sie brauchte nichts zu fürchten. Sie würde in den Leib einer Katze schlüpfen und ihre ersehnte Orange essen. Überdies würde sie ein seltsames Wesen sein, eine Katze mit der Intelligenz einer schönen Frau. Wieder würde sie der Mittelpunkt aller Aufmerksamkeiten sein . . . Und nun begriff sie zum ersten Mal, daß ihre Eitelkeit einer metaphysischen Frau sich über alle ihre Tugenden erhob.

Wie ein Insekt mit ausgestreckten Fühlern richtete sie ihre ganze Energie darauf aus, die Katze im Haus zu suchen. Zu dieser Stunde träumte sie vermutlich auf dem Ofen davon, mit einem Baldrianzweig zwischen den Zähnen zu erwachen. Doch sie war nicht da. Von neuem machte sie sich auf die Suche, doch sie fand den Ofen nicht mehr. Die Küche war nicht dieselbe. Die Winkel des Hauses waren ihr fremd; es waren nicht mehr die mit Spinnweben überzogenen dunklen Winkel. Die Katze war nirgendwo. Sie suchte auf den Dächern, auf den Bäumen, in den Kanälen, unter dem Bett, in der Anrichte. Sie fand alles in vollkommener Verwirrung. Wo sie geglaubt hatte, die Porträts ihrer Ahnen zu finden, stieß sie nur auf eine Flasche mit Arsen. Fortan fand sie Arsen im ganzen Haus, die Katze indes war verschwunden. Das Haus war nicht mehr dasselbe wie vorher. Was war aus ihren Sachen geworden? Warum waren ihre dreizehn Lieblingsbücher mit einer dichten Schicht Arsen überzogen? Sie erinnerte sich an den Orangenbaum des Innenhofs. Sie suchte ihn und schaute auch wieder nach »dem Kind« in seinem Wasserloch. Doch der Orangenbaum stand nicht an seinem Platz, und »das Kind« war nur mehr eine Handvoll Arsen und Asche unter einer schweren Betonplatte. Und jetzt schlief es endgültig. Alles war anders. Und das Haus verströmte einen starken Geruch nach Arsen, der wie aus einer Drogerie an ihre Nüstern schlug.

Erst jetzt begriff sie, daß seit dem Tag, da sie das Verlangen verspürt hatte, die erste Orange zu essen, dreitausend Jahre vergangen waren.

(1948)

Nun hatten wir sie dort, abgestellt in einem Winkel des Hauses. Jemand hatte uns gesagt, bevor wir ihre Sachen gebracht hatten, ihre nach frischem Holz riechenden Kleider, ihre für Lehmboden viel zu leichten Schuhe, daß sie sich nie an das langweilige Leben gewöhnen würde, ohne süße Düfte, ohne andere Reize als die harte Einsamkeit aus Kalk und Mauerecke, die gegen ihren Rücken drückte. Jemand sagte uns – und viel Zeit war vergangen, bevor wir uns daran erinnerten –, daß auch sie eine Kindheit gehabt hatte. Vielleicht glaubten wir es damals nicht. Doch nun, als wir sie in dem Winkel sitzen sahen mit erschrockenen Augen, einen Finger an den Lippen, nahmen wir es vielleicht hin, daß sie einmal eine Kindheit gehabt hatte, daß sie einmal ein Gefühl gehabt hatte für die dem Regen vorausgehende Frische und daß sie immer seitlich zu ihrem Körper einen unerwarteten Schatten ertragen hatte.

All das – und viel mehr – hatten wir an jenem Nachmittag geglaubt, an dem wir uns darüber klar wurden, daß sie oberhalb ihrer entsetzlichen Unterwelt hinaus vollkommen menschlich war. Wir wußten es, als sie mit einemmal, als sei drinnen ein Kristall gesplittert, angstvolle Schreie auszustoßen begann; sie rief einen jeden von uns beim Namen und redete unter Tränen, bis wir uns neben sie setzten; wir stimmten Lieder an und schlugen in die Hände, als vermöchte unser Geschrei die versprengten Glassplitter zusammenzufügen. Erst jetzt konnten wir glauben, daß sie einmal eine Kindheit gehabt hatte. Es war, als glichen ihre Schreie irgendwie einer Offenbarung; als hätten sie viel von einem erinnerten Baum und einem tiefen Fluß, als sie sich aufrichtete, sich leicht vorneigte, und ohne sich das Gesicht mit der Schürze zu bedecken, noch die Nase zu schneuzen, noch immer unter Tränen sagte: »Ich werde nie mehr lächeln.«

Ohne ein Wort traten wir drei in den Innenhof hinaus, vielleicht glaubten wir, gemeinsame Gedanken mitzunehmen. Vielleicht dachten wir, es wäre wohl nicht das beste, die Lichter im Haus anzuzünden. Sie wünschte allein zu sein – vielleicht –, in ihrem düsteren Winkel hockend und sich den letzten Zopf flechtend, der das einzige schien, was von ihrem Übergang zum Tier überleben würde.

Draußen im Hof, in den tiefen Insektendunst gehüllt, saßen wir und dachten an sie. Wir hatten das schon manches Mal getan. Wir hätten sagen können, wir taten das, was wir an allen Tagen unseres Lebens getan hatten.

Und doch war jene Nacht anders: Sie hatte gesagt, sie würde nie wieder lächeln, und wir, die wir sie so gut kannten, waren sicher, daß der Alptraum Wahrheit geworden war. Wir saßen im Dreieck, wir sahen sie drinnen vor uns, abstrakt, sogar außerstande, die zahllosen Uhren zu hören, die den peinlich genauen und deutlich hörbaren Rhythmus maßen, in dem sie sich in Staub verwandeln würde: »Wären wir wenigstens mutig genug, ihren Tod zu wünschen«, dachten wir im Chor. Doch wir wollten sie so: Häßlich und eisig, gleichsam als kleinlichen Beitrag zu unseren verborgenen Mängeln.

Wir waren seit Jahren, seit geraumer Zeit erwachsen. Sie war übrigens die älteste im Haus. In dieser selben Nacht hätte sie dort mit uns sitzen und, umgeben von gesunden Kindern, den maßvollen Puls der Sterne fühlen können. Sie wäre die achtbare Herrin des Hauses gewesen, wäre sie die Frau eines braven Bürgers oder die Konkubine eines pünktlichen Mannes gewesen.

Doch sie hatte sich daran gewöhnt, in einer einzigen Dimension zu leben wie die Gerade, vielleicht weil ihre Laster oder ihre Tugenden sich nicht im Profil erkennen ließen. Schon seit einigen Jahren wußten wir das alles. Wir waren nicht einmal überrascht, als wir morgens nach dem Aufstehen sie im Innenhof auf dem Bauch liegen und in starrer Haltung in die Erde beißen sahen. Dann lächelte sie und blickte uns wieder an; sie war aus dem Fenster des zweiten Stocks auf die harte Tonerde des Innenhofs gestürzt und war dort stur und steif mit dem Gesicht auf dem feuchten Lehm liegengeblieben. Doch dann erfuhren wir, das einzige, was sie unversehrt bewahrt hatte, sei die Angst vor Entfernungen, der natürliche Schrecken vor der Leere. Wir hoben sie an den Schultern auf. Sie war nicht so hart, wie sie uns anfangs vorgekommen war. Im Gegenteil, alle ihre Organe und Glieder waren locker, von jeder Willenskraft gelöst wie ein lauwarmer Toter, der noch nicht starr geworden war.

Ihre Augen standen offen, ihr Mund war schmutzig von der Erde, die für sie schon Grabesgeschmack haben mußte, als wir sie mit dem Gesicht zur Sonne hin legten, und es war, als hätten wir sie vor einen Spiegel gestellt. Sie blickte uns alle mit erloschenem, geschlechtlosem Gesichtsausdruck an, der uns – ich hielt sie bereits in meinen Armen – das Ausmaß ihrer Abwesenheit gab. Jemand sagte, sie sei tot; und dann trug sie jenes kalte stille Lächeln zur Schau, das sie während der Nächte getragen hatte, als sie hellwach durchs Haus irrte. Sie sagte, sie wisse nicht, wie sie in den Innenhof gelangt sei. Sie sagte, ihr sei entsetzlich heiß gewesen, sie habe eine Zikade gehört, schrill und aufsässig, die – so sagte sie – entschlossen gewesen sei, ihre Zimmerwand umzustürzen, und sie habe sich an die Sonntagsgebete erinnert und dabei die Wange auf den Zementfußboden gedrückt.

Im übrigen wußten wir, daß sie sich an keinerlei Gebet erinnern konnte, wie wir auch später erfuhren, daß sie das Zeitgefühl verloren hatte, als sie sagte, daß sie stehend geschlafen und von innen die Wand gestützt habe, gegen welche die Zikade von außen gedrückt habe, und daß sie fest geschlafen habe, als jemand sie an den Schultern packte, die Wand fortschob und sie mit dem Gesicht zur Sonne hinlegte.

In jener Nacht wußten wir, als wir im Innenhof saßen, daß sie nie wieder lächeln würde. Vielleicht tat uns schon im voraus ihre ausdruckslose Ernsthaftigkeit weh, ihr düsteres und freiwilliges Winkelleben. Es tat uns furchtbar weh, wie uns der Tag weh tat, als wir sie in die Ecke kriechen sahen, in der sie nun hockte; und wir hörten sie sagen, daß sie nie wieder durchs Haus streichen werde. Anfangs konnten wir es nicht glauben. Monate hindurch hatten wir sie zu jeder beliebigen Stunde durch die Zimmer wandern sehen, mit festgefrorenem Kopf und hängenden Schultern, ohne innezuhalten, ohne jemals zu ermüden. Nachts hörten wir ihr dichtes Körpergeräusch, wie es sich zwischen zwei Dunkelheiten bewegte, und vielleicht lagen wir oftmals wach im Bett und lauschten ihrem stillen Gang und verfolgten sie mit dem Gehör durchs ganze Haus. Einmal sagte sie uns, sie habe die Zikade im Mond des Spiegels gesehen, versunken, untergetaucht in der festen Durchsichtigkeit, und sie sei durch die Oberfläche des Glases getreten, um sie zu erreichen. In Wirklichkeit wußten wir nicht, was sie uns sagen wollte, doch wir alle konnten feststellen, daß die Kleider ihr naß am Leib klebten, als sei sie soeben einem Wassertank entstiegen. Ohne uns das Phänomen erklären zu wollen, beschlossen wir, mit den Insekten des Hauses kurzen Prozeß zu machen: die Gegenstände zu zerstören, die ihr beständig zusetzten.

Wir ließen die Wände säubern; wir gaben Anweisung, daß die Büsche des Innenhofs beschnitten wurden, und es war, als hätten wir die Stille der Nacht von kleinen Abfällen gereinigt. Doch schon hörten wir sie nicht mehr umhergehen, wir hörten sie nicht mehr von Zikaden sprechen bis zu dem Tag, als sie uns nach der Abendmahlzeit anblickte, sich auf den Zementfußboden setzte und, ohne den Blick von uns zu lassen, sagte: »Ich werde hier sitzen bleiben«; und wir erzitterten, denn wir konnten sehen, daß sie bereits etwas zu gleichen begann, das schon fast vollkommen wie der Tod war.

Das lag schon sehr lange zurück, wir hatten uns schon daran gewöhnt, sie dort sitzen zu sehen, den Zopf nur halb geflochten, als habe sie sich in ihrer Einsamkeit aufgelöst und habe, obgleich sie dort sichtbar saß, die natürliche Fähigkeit verloren, anwesend zu sein. Daher wußten wir jetzt, daß sie nie wieder lächeln würde; denn sie hatte es genauso überzeugt und sicher gesagt, wie sie uns einmal gesagt hatte, sie würde nie wieder gehen. Es war, als hätten wir die Gewißheit, daß sie uns später sagen würde: »Ich werde nicht mehr sehen« oder vielleicht: »Ich werde nicht wieder hören«, und als wüßten wir, daß sie menschlich genug war, um willentlich ihre lebensnotwendigen Funktionen auszulöschen, und daß ihr ganz spontan ein Sinn nach dem anderen abhanden kommen würde bis zu dem Tag, an dem wir sie an der Wand lehnend entdekken würden, als habe sie zum ersten Mal in ihrem Leben geschlafen. Vielleicht fehlte noch viel Zeit bis dahin, doch wir drei, die im Innenhof saßen, hätten in jener Nacht gerne ihr jähes zartes Weinen von zersplittertem Glas gehört, um uns zumindest der Selbsttäuschung hinzugeben, daß ein Kind – Junge oder Mädchen – im Hause geboren war. Um zu glauben, daß sie neu geboren war.

(1949)

Zwiesprache des Spiegels

Der Mann des früheren Aufenthalts, nachdem er lange Stunden wie ein Heiliger geschlafen hatte, uneingedenk der Sorgen und Beunruhigungen des jüngsten Morgengrauens, erwachte, als der Tag schon voranschritt und der Stadtlärm die Luft des halbgeöffneten Raums bis zum Rande füllte. Da kein anderer Seelenzustand ihn bewohnte, mußte er an die schwere Belastung durch den Tod denken, an seine runde Angst, an das Stück Lehm – Tonerde von ihm selbst –, das sein Bruder unter der Zunge haben würde. Doch die fröhliche Sonne, die den Garten erhellte, lenkte seine Aufmerksamkeit auf ein gewöhnlicheres, irdischeres und vielleicht weniger wahres Leben als seine furchterregende innere Existenz. Auf sein Leben eines gewöhnlichen Menschen, eines alltäglichen Tieres, das – ohne daß er dabei mit seinem Nervensystem, mit seiner empfindlichen Leber rechnete –, ihm die unvermeidliche Unmöglichkeit ins Gedächtnis rief, wie ein Bürgersmann zu schlafen. Er dachte – und da war fraglos ein Gran bürgerliche Mathematik in den zungenbrecherischen Ziffern – an die finanziellen Geduldspiele im Büro.

Acht Uhr zwölf. Ich werde todsicher zu spät kommen. Er betastete seine Wange mit den Fingerkuppen. Die mit hervortretenden Nervensträngen übersäte Haut hinterließ in seinen Fingerantennen den Eindruck von hartem Haar. Dann fuhr er sich mit der halbgeöffneten Handfläche zerstreut und behutsam übers Gesicht, mit der gelassenen Ruhe des Chirurgen, der den Kern des Tumors kennt; und aus der weichen Oberfläche tauchte nach innen die harte Substanz einer Wahrheit auf, von der seine Angst gelegentlich erbleicht war. Dort, unter den Fingerkuppen – und nach den Fingerkuppen, Knochen gegen Knochen – hatte sein unwiderruflicher anatomischer Zustand eine Ordnung von Verbindungen, ein dichtgedrängtes Universum von Geweben, von kleineren Welten begraben, die ihn stützten, die seine fleischliche Rüstung einer weniger dauerhaften Höhe als die natürliche und letzte Stellung seiner Knochen entgegenhoben.

Ja. Der Kopf in der weichen Materie des Kissens versunken, der Körper auf der Rast seiner Organe ausgestreckt, so gewährte das Leben einen horizontalen Reiz und seinen eigenen Grundsätzen eine größere Bequemlichkeit. Er wußte, daß mit der minimalen Anstrengung, die Lider zu schließen, die ihn erwartende ermüdende Aufgabe sich in einem unkomplizierten Klima vollziehen würde, ohne Verpflichtungen an Zeit und Raum: ohne die Notwendigkeit, daß dieses chemische Abenteuer, das seinen Körper ausmachte, bei seiner Verwirklichung die geringste Beeinträchtigung erlitt. Im Gegenteil, so, mit geschlossenen Lidern, war die vollständige Ökonomie lebenswichtiger Hilfsmittel am Werk und verursachte nicht den geringsten organischen Verschleiß. Sein Körper, im Wasser der Träume untergetaucht, konnte sich regen, konnte leben, sich in andere Existenzformen entwickeln, in denen seine wirkliche Welt für seine innere Notwendigkeit eine gleichwertige, wenn nicht höhere Emotionsdichte besitzen würde, mit denen die Notwendigkeit zu leben ohne Schaden für seine körperliche Unversehrtheit vollauf zufriedengestellt sein würde. Dann würde die Aufgabe, mit den Wesen, den Dingen zusammenzuleben, viel leichter sein, nebenbei noch in der gleichen Form wie in der wirklichen Welt. Die Aufgaben, sich zu rasieren, den Bus zu nehmen, die Gleichungen im Büro zu lösen, würden in seinem Traum einfach und unkompliziert sein und ihm im nachhinein die gleiche innere Befriedigung gewähren.

Ja. Es war besser, dies in künstlicher Form zu tun, wie er es bereits tat; in dem erleuchteten Raum die Richtung des Spiegels zu suchen. Wie er es auch weiterhin getan hätte, hätte in jenem Augenblick nicht eine schwere, brutale und absurde Maschine die laue Substanz seines beginnenden Traums zerstört. Nun, in die Welt der Übereinkünfte zurückkehrend, bot das Problem fraglos schwerwiegendere Merkmale. Dennoch hatte ihn die merkwürdige Theorie, die ihm seine Weichheit eingeflüstert hatte, in ein Gebiet des Verstehens abgelenkt, und aus seinem menschlichen Innern fühlte er, wie sich der Mund nach den Seiten hin verschob, in einer Gebärde, die ein unfreiwilliges Lächeln sein mußte. Gelangweilt – lächelte er im Grunde weiter. »Ich muß mich rasieren, wenn ich in zwanzig Minuten bei meinen Büchern sein will. Bad acht, schnell fünf, Frühstück sieben. Alte widerliche Würstchen. Mabels Laden mit Gewürzen, Schrauben, Heilmitteln, Likören; das ist wie die Büchse der – wer war das noch? Das Wort ist mir entfallen. (Der Bus hat dienstags Motorschaden und bleibt sieben Tage aus.) Pendora. Nein: Peldora. So heißt es nicht. Insgesamt eine halbe Stunde. Keine Zeit zu verlieren. Das Wort ist mir entfallen, eine Büchse, in der von allem etwas enthalten ist. Pedora. Beginnt mit P.«

Im Morgenrock, schon vor dem Waschtisch, warf ihm ein schläfriges Gesicht, struppig, unrasiert, einen mißgelaunten Blick aus dem Spiegel zu. Ein leichter Kälteschauer durchzuckte ihn, als er in dem Bild seinen eigenen toten Bruder entdeckte, wenn der gerade aufgestanden war. Das gleiche müde Gesicht, der gleiche Blick, noch kaum erwacht.

Eine neue Bewegung entsandte dem Spiegel eine Menge Licht, dazu bestimmt, zu einer angenehmen Gebärde zu führen, doch die gleichzeitige Rückkehr jenes Lichts brachte ihm – entgegen seinen Absichten –

eine groteske Grimasse ein. Wasser. Der heiße Wasserstrahl schäumt sturzbachartig, übermütig, und das weiße, dichte Dampfgewoge schiebt sich zwischen ihn und die Spiegelscheibe. Auf diese Weise – die Unterbrechung mit einer raschen Bewegung nutzend – gelingt es ihm, sich mit seiner eigenen Zeit und der inneren Zeit des Quecksilbers in Einklang zu bringen.

Über seinem Ledergürtel stieg es und füllte seinen Raum mit scharfen Rändern, mit eisigen Metallen; und die schon verschwundene Wolke zeigte ihm wiederum das andere Gesicht, getrübt von körperlichen Verwicklungen, von mathematischen Gesetzen, in denen die Geometrie eine neue Art des Rauminhalts, eine konkrete Form des Lichts versuchte. Vor ihm, pulsend, von eigener Gegenwart bebend, in einer Gebärde verklärt, war das Gesicht, das zugleich lächelnde und spöttische Ernsthaftigkeit war und in der anderen feuchten Scheibe zutage trat, welche die Verdichtung des Dampfs hinterlassen hatte.

Er lächelte. (Lächelte.) Er zeigte sich selber die Zunge. (Zeigte – dem von der Wirklichkeit – die Zunge.) Der vom Spiegel hatte eine teigige, gelbe: »Du hast's im Magen«, diagnostizierte er (wortlose Geste) mit einer Grimasse. Wieder lächelte er. (Wieder lächelte er.) Doch nun konnte er feststellen, daß etwas Törichtes, Künstliches und Falsches in diesem Lächeln war, das sich ihm zurückwarf. Er glättete sein Haar. (Er glättete sein Haar) mit der rechten (linken) Hand, um unverzüglich den beschämten Blick zu wenden (und zu verschwinden). Er war von seinem eigenen Benehmen befremdet, vor den Spiegel zu treten und wie ein Trottel Gebärden zu vollführen. Übrigens dachte er, jedermann beobachte vor dem Spiegel ein ähnliches Verhalten, und seine Empörung wuchs angesichts der Gewißheit, daß er der Gewöhnlichkeit nur huldigte, weil ja jedermann ein Trottel war. Acht Uhr siebzehn.

Er wußte, er mußte sich beeilen, wenn er von der Agentur nicht entlassen werden wollte. Von der Agentur, die seit einiger Zeit zum Ausgangspunkt seines eigenen täglichen Begräbnisses geworden war.

Die Seife hatte bei der Berührung mit dem Pinsel ein leichtes, bläuliches Weiß erzeugt, das ihn aus seinen Besorgnissen riß. Es war der Augenblick, in dem der Seifenbrei durch das Netz der Arterien im Körper hochstieg und ihm das Funktionieren der gesamten lebenswichtigen Maschinerie ermöglichte ... So zur Normalität zurückkehrend, erschien es ihm bequemer, im seifegewordenen Gehirn das Wort zu suchen, mit dem er Mabels Laden vergleichen wollte. Peldora. Mabels Ramschladen. Paldora. Gewürzhandlung oder Drogerie. Oder alles zusammen: Pendora.

Über der Seifensiederei siedete hinreichend der Schaum. Dennoch bürstete er fast leidenschaftlich mit dem Pinsel. Das kindische Spektakel der Bläschen gewährte ihm die helle Freude eines großen Kindes, die ihm wie ein billiger Likör schwer und zäh ins Herz stieg. Eine neue Anstrengung im Aufspüren der Silbe hätte genügt, daß das Wort platzte, reif und brutal; daß es an die Oberfläche jenes dickflüssigen, trüben Gewässers seines spröden Gedächtnisses stieg. Doch diesmal wie bei den vorigen Malen würden sich die zerstreuten, demontierten Teilchen eines Systems nicht genau zu einem organischen Ganzen zusammenfügen, und so schickte er sich an, für immer auf das Wort zu verzichten: Pendora!

Und es war an der Zeit, daß er jene nutzlose Suche aufgab, denn – beide hoben den Blick und begegneten sich mit den Augen – sein Zwillingsbruder hatte begonnen, mit dem schäumenden Pinsel das Kinn mit frischem bläulichem Weiß zu bedecken, wobei er mit der linken Hand – er ahmte ihn mit der rechten nach – sanft und exakt den steilen Bereich allmählich bedeckte. Er wandte den Blick ab, und die Geometrie der Zeiger war – so erschien es ihm – mit der Lösung eines neuen Theorems der Angst beschäftigt: acht Uhr achtzehn. Sie machte es sehr langsam. Und so, in der festen Absicht, rasch fertig zu werden, brachte er die gehorsame Hornklinge unter die Beweglichkeit des kleinen Fingers.

Damit rechnend, daß die Arbeit binnen drei Minuten beendet sein würde, hob er den rechten (linken) Arm bis zur Höhe des rechten (linken) Ohrs, wobei er die Überlegung anstellte, daß nichts so schwierig sein müsse, wie sich auf die Weise zu rasieren, wie es das Spiegelbild tat. Von da hatte er eine ganze Reihe kompliziertester Berechnungen abgeleitet, um die Geschwindigkeit des Lichts festzustellen, die Hin- und Rückreise *fast* gleichzeitig machte, um jede Bewegung nachzuvollziehen. Doch der Ästhet in ihm siegte über den Mathematiker nach einem Kampf, der nahezu der Quadratwurzel der Geschwindigkeit entsprach, die er hätte feststellen können, und das Denken des Künstlers wandte sich den Bewegungen der Klinge zu, die unter den verschiedenen Lichthieben grünblauweiß schimmerte. Rasch – nun lebten der Mathematiker und der Ästhet in Frieden – führte er die Schneide auf der rechten (linken) Wange bis zum Meridian der Lippe hinunter und bemerkte mit Befriedigung, daß die linke Wange des Bildes zwischen ihren Schaumrändern sauber war.

Er hatte die Klinge noch nicht abgeputzt, als aus der Küche der säuerliche Geruch von Siedfleisch hereinzog. Er fühlte ein Zittern unter der Zunge und spürte den Sturzbach leichten dünnen Speichels, der ihm den Mund mit dem kraftvollen Geschmack von zerlassener Butter füllte. Gedünstete Nieren. Endlich vollzog sich ein Wandel in Mabels verfluchtem Laden. Pendora. Auch nicht. Das Geräusch der Drüse in der Soße vermischte sich in seinem Ohr mit der Erinnerung an hämmernden Regen, tatsächlich dieselbe wie die am Tagesanbruch. Daher durfte er Stiefel und Regenmantel nicht vergessen. Nieren in Soße. Kein Zweifel.

Keiner seiner Sinne verdiente soviel Mißtrauen wie sein Geruchssinn. Doch über seine fünf Sinne hinaus und wenn auch jenes Fest nicht mehr als der Optimismus seiner reizbaren Schleimhäute gewesen war, erwies sich die Notwendigkeit, so rasch wie möglich fertig zu werden, in diesem Augenblick als die dringendste Notwendigkeit seiner fünf Sinne. Genau und schnell – der Mathematiker und der Künstler zeigten sich die Zähne – fuhr er mit der Klinge von vorne (hinten) nach hinten (vorne) bis zum (rechten) linken Mundwinkel, während er mit der linken (rechten) Hand die Haut glättete und so den Weg der Metallklinge von vorne (hinten) nach (vorne) hinten, von oben (oben) nach unten erleichterte und so – beide keuchend – die gleichzeitige Arbeit beendete.

Doch als er bereits fast fertig war und die letzten Schaber auf der linken Wange mit der rechten Hand vornahm, sah er unvermittelt seinen eigenen Ellbogen gegen den Spiegel. Er sah ihn groß, befremdend, unbekannt, und bemerkte entsetzt, daß über dem Ellbogen andere, gleichfalls große und gleichfalls unbekannte Augen weit aufgerissen die Richtung des Messers suchten. Jemand ist dabei, meinen Bruder zu hängen. Ein machtvoller Arm. Blut! Das passiert immer, wenn ich es zu rasch tue.

Er suchte in seinem Gesicht die entsprechende Stelle; doch sein Finger blieb rein, und die Berührung wies auf keine folgerichtige Lösung. Er zuckte zusammen. Seine Haut zeigte keine Verletzung, doch dort im Spiegel blutete der andere leicht. Und in seinem Innern wurde für ihn wieder zur ärgerlichen Wahrheit, daß die Beunruhigungen der vergangenen Nacht wiederkehrten. Daß er jetzt, vor dem Spiegel, wieder die Empfindung, das Bewußtsein der Aufspaltung erlebte. Doch da war schon das Kinn (rund: gleiche Gesichter). Die Haare im Grübchen benötigen eine spitze Klinge.

Er glaubte zu beobachten, daß eine Wolke der Verstörung über den hastigen Bewegungen seines Ebenbildes wachte. Sollte es möglich sein, daß infolge der großen Schnelligkeit, mit der er sich rasierte – und der Mathematiker war vollkommen Herr der Lage –, die Lichtgeschwindigkeit nicht die Entfernung überbrückte, um alle Bewegungen festzuhalten? Konnte er wohl in seiner Eile das Spiegelbild überholen und seine Arbeit eine Bewegung vor jenem beenden? Oder sollte es möglich sein – und der Künstler vermochte nach kurzem Kampf den Mathematiker auszustechen –, daß das Bild ein Eigenleben gewonnen und beschlossen hatte – weil es in einer unkomplizierten Zeit lebte –, einfach langsamer fertig zu werden als seine äußere Person?

Sichtlich besorgt öffnete er den Heißwasserhahn und fühlte den lauwarmen dichten Dampf aufsteigen, während das Plätschern des frischen Wassers auf seinem Gesicht ihm die Ohren mit Kehllauten füllte. Die freundliche Rauheit des frischgewaschenen Handtuchs auf der Haut ließ ihn mit der tiefen Befriedigung eines hygienischen Tiers atmen. Pandora! Das war das Wort: Pandora.

Überrascht blickte er das Handtuch an und schloß verwirrt die Augen, während dort im Spiegel ein Gesicht, dem seinen gleich, ihn mit großen törichten Augen betrachtete, und das Gesicht war von einem dunkelvioletten Faden durchquert.

Er öffnete die Augen und lächelte (lächelte). Nichts kümmerte ihn mehr. Mabels Laden war eine Büchse der Pandora.

Der warme Geruch der Nieren in Soße beglückte seinen Geruchssinn mit zunehmendem Drängen. Und er fühlte mit Befriedigung – mit positiver Befriedigung –, daß in seiner Seele ein großer Hund sich anschickte, mit dem Schwanz zu wedeln.

(1949)

Dann blickte sie mich an. Ich dachte, sie blicke mich zum ersten Mal an. Doch gleich darauf, als sie hinter dem Leuchter kehrtmachte und ich über der Schulter ihren schlüpfrigen, öligen Blick im Rücken fühlte, begriff ich, daß ich sie zum ersten Mal anblickte. Ich zündete eine Zigarette an. Ich atmete den kratzenden, starken Rauch ein, bevor ich den Stuhl drehte, ihn auf einem der Hinterbeine balancierend. Dann sah ich sie dort, wie sie die ganzen Nächte neben dem Leuchter gestanden und mich angeblickt hatte. Kurze Minuten lang taten wir nichts anderes als dies: uns anblicken. Ich blickte sie von meinem Stuhl aus an, den ich auf einem seiner Hinterbeine balancierte. Sie stand, hielt eine lange stille Hand über dem Leuchter und blickte mich an. Wie in allen Nächten sah ich ihre angemalten Lider. Dann erinnerte ich mich an das Immergleiche, als ich zu ihr sagte: »Augen eines blauen Hundes.« Ohne die Hand vom Leuchter fortzunehmen, sagte sie: »Sehr richtig. Das werden wir nie mehr vergessen.« Sie trat aus meinem Gesichtskreis und seufzte: »Augen eines blauen Hundes. Ich habe das überall aufgeschrieben.«

Ich sah sie zum Toilettentisch gehen. Ich sah sie im runden Mond des Spiegels erscheinen und mich nach einem Hin und Her mathematischen Lichts anblicken. Ich sah sie mich mit ihren großen Augen entflammter Asche anblicken: mich anblicken, während sie das Kästchen mit eingelegtem rosafarbenem Perlmutt öffnete. Ich sah sie ihre Nase pudern. Als sie damit fertig war, schloß sie das Kästchen, setzte sich wieder in Bewegung, und von neuem auf den Leuchter zugehend sagte sie: »Ich fürchte, jemand träumt von diesem

Zimmer und bringt mir meine Dinge durcheinander«; und sie hielt dieselbe lange zitternde Hand, die sie gewärmt hatte, bevor sie sich vor den Spiegel setzte, über die Flamme. Und sie sagte: »Du spürst die Kälte nicht.« Und ich sagte: »Manchmal.« Und sie sagte: »Jetzt mußt du sie aber spüren.« Dann begriff ich, warum ich nicht allein auf dem Stuhl hatte sitzen können. Es war die Kälte, die mir die Gewißheit meiner Einsamkeit vermittelt hatte. »Jetzt spüre ich sie«, sagte ich. »Und das ist sonderbar, denn die Nacht ist still. Vielleicht ist mir die Bettdecke weggerutscht.« Sie antwortete nicht. Wieder begann sie sich zum Spiegel hin zu bewegen, und ich drehte mich mit dem Stuhl, um mit dem Rücken zu ihr zu bleiben. Ohne sie zu sehen, wußte ich, was sie tat. Ich wußte, daß sie von neuem vor dem Spiegel saß und meinen Rücken sah, der Zeit gehabt hatte, in die Tiefe des Spiegels zu gelangen und ihrem Blick zu begegnen, während auch sie gerade Zeit genug gehabt hatte, um bis zur Tiefe des Spiegels zu gelangen – bevor die Hand Zeit hatte, zum zweiten Mal zurückzukehren –, bis zu den Lippen, die jetzt, seit der ersten Rückkehr der Hand vor dem Spiegel, karminrot gefärbt waren. Ich sah vor mir die glatte Wand, die wie ein zweiter blinder Spiegel war, in dem ich sie nicht sah – da sie hinter meinem Rücken saß –, doch ich stellte mir vor, wie sie sein würde, wenn statt der Wand dort ein Spiegel gewesen wäre. »Ich sehe dich«, sagte ich. Und ich sah auf der Wand, als hätte sie die Augen gehoben und mich von hinten auf dem Stuhl gesehen, in der Tiefe des Spiegels, das Gesicht zur Wand gewendet. Dann sah ich sie wieder die Lider senken und wortlos auf ihre Korsage blicken. Und ich drehte mich um und sagte: »Ich sehe dich.« Wieder hob sie die Augen von ihrer Korsage. »Das ist unmöglich«, sagte sie. Ich fragte sie, warum. Und sie, von neuem die Augen auf ihre Korsage gesenkt, sagte:

»Weil du den Blick zur Wand gedreht hast.« Nun wand ich den Stuhl um. Ich hatte die Zigarette zwischen die Lippen geklemmt. Als ich vor dem Spiegel stand, war sie wieder neben dem Leuchter. Jetzt hielt sie die Hände über der Flamme ausgestreckt wie zwei gespreizte Hühnerflügel, die brieten, während ihre Finger Schatten auf ihr Gesicht warfen. »Ich glaube, ich werde mich erkälten«, sagte sie. »Dies muß eine eiskalte Stadt sein.« Sie wandte das Gesicht zur Seite, und ihre kupferfarbene Haut wurde plötzlich traurig. »Tu etwas dagegen«, sagte ich. Und sie begann sich zu entkleiden, Stück für Stück, begann oben, bei der Korsage. Ich sagte: »Ich werde mich zur Wand drehen.« Und sie sagte: »Nein. Jedenfalls wirst du mich sehen, wie du mich gesehen hast, als du mit dem Rücken zu mir gesessen hast.« Sie hatte noch nicht zu Ende gesprochen, als sie fast vollständig ausgezogen war, während die Flamme ihre lange kupferfarbene Haut beleckte. »Ich habe dich immer so sehen wollen, den Bauch voll tiefer Löcher, als hätten sie dich mehrmals durchbohrt.« Und bevor mir zum Bewußtsein kam, daß meine Worte angesichts ihrer Nacktheit töricht waren, blieb sie regungslos stehen und wärmte sich im Schein des Leuchters und sagte: »Manchmal glaube ich, ich bin aus Metall.« Einen Augenblick verstummte sie. Die Stellung ihrer Hände über der Flamme veränderte sich leicht. Ich sagte: »Manchmal, in anderen Träumen, habe ich schon geglaubt, du seist nur eine Bronzestatuette in der Ecke irgendeines Museums. Vielleicht ist es dir deshalb kalt.« Und sie sagte: »Manchmal, wenn ich auf dem Herzen schlafe, fühle ich, daß mein Körper hohl wird und meine Haut wie eine Klinge. Dann, wenn drinnen mein Blut schlägt, ist es, als klopfe jemand mit den Knöcheln auf meinen Bauch, und ich höre mein eigenes Blechklappern im Bett. Es ist, als wäre es so, wie du sagst: aus gewalztem Metall.«

Sie näherte sich noch mehr dem Leuchter. »Ich hätte dich gerne gehört«, sagte ich. Und sie sagte: »Wenn wir uns einmal begegnen, leg das Ohr an meine Rippen, wenn ich auf der linken Seite schlafe, und du wirst mich scheppern hören. Ich habe immer gewünscht, du tätest es einmal.« Ich hörte sie tief atmen, während sie sprach. Und sie sagte, sie habe jahrelang nichts anderes als das getan. Ihr Leben sei der Aufgabe gewidmet gewesen, mir in Wirklichkeit zu begegnen, und zwar durch diese Erkennungsworte: »Augen eines blauen Hundes.« Und auf der Straße wollte sie mit lauter Stimme sagen, und das war die einzige Art und Weise, es dem einzigen Menschen zu sagen, der sie hätte verstehen können:

»Ich bin die, welche jede Nacht in deine Träume tritt und dir dies sagt: Augen eines blauen Hundes.« Und sie sagte, sie betrete die Restaurants und sage zu den Kellnern, bevor sie bestelle: »Augen eines blauen Hundes.« Aber die Kellner machten eine ehrerbietige Verbeugung vor ihr, ohne sich je daran erinnert zu haben, dies in ihren Träumen gesagt zu haben. Dann schrieb sie es auf die Servietten und ritzte es mit dem Messer in die lackierten Tischplatten ein: »Augen eines blauen Hundes.« Und auf die Milchglasscheiben der Hotels, der Bahnhöfe, aller öffentlichen Gebäude schrieb sie mit dem Zeigefinger: »Augen eines blauen Hundes.« Sie sagte, einmal sei sie in eine Drogerie gekommen und habe den gleichen Geruch gespürt, den sie, nachdem sie von mir geträumt, in ihrem Zimmer eingeatmet hatte. »Er muß nah sein«, dachte sie, als sie den sauberen neuen Fliesenboden der Drogerie sah. Dann trat sie auf den Verkäufer zu und sagte zu ihm: »Ich träume immer von einem Mann, der zu mir sagt: ›Augen eines blauen Hundes.‹ « Und sie sagte, der Drogist habe ihr in die Augen gesehen und zu ihr gesagt: »In Wirklichkeit, Señorita, haben Sie solche Augen.« Und sie sagte zu ihm: »Ich muß diesen Mann treffen, der mir genau das in meinen Träumen sagt.« Und der Verkäufer lachte los und ging auf die andere Seite des Ladentischs. Sie blickte nach wie vor auf den sauberen Fliesenboden und saugte den Geruch ein. Dann öffnete sie ihre Handtasche, kniete nieder und schrieb mit ihrem karminroten Lippenstift in großen roten Buchstaben auf den Fliesenboden: »Augen eines blauen Hundes.« Der Verkäufer kehrte von dem Platz zurück, wo er gestanden hatte, und sagte: »Señorita, Sie haben den Fliesenboden beschmutzt.« Und reichte ihr einen feuchten Lappen und sagte: »Machen Sie ihn sauber.« Und sie sagte, noch immer neben dem Leuchter stehend, sie habe den ganzen Nachmittag auf den Knien den Fliesenboden geputzt und gesagt: »Augen eines blauen Hundes«, bis die Leute vor der Ladentür zusammengelaufen seien und gesagt hätten, sie sei verrückt.

Nun, nachdem sie zu sprechen aufgehört hatte, saß ich noch immer in meiner Ecke und balancierte auf meinem Stuhl. »Ich versuche mich jeden Morgen beim Aufwachen an die Worte zu erinnern, mit denen ich dir begegnen kann«, sagte ich. »Jetzt glaube ich, daß ich es morgen nicht vergessen werde. Dennoch habe ich immer dasselbe gesagt und beim Erwachen immer vergessen, welche Worte es sind, mit denen ich dir begegnen kann.« Und sie sagte: »Du selbst hast sie am ersten Tag erfunden.« Und ich sagte: »Ich habe sie erfunden, denn ich habe deine Aschenaugen gesehen. Doch nie erinnere ich mich am folgenden Morgen daran.« Und sie atmete neben dem Leuchter tief, mit geballten Fäusten: »Wenn ich mich wenigstens jetzt daran erinnern könnte, in welcher Stadt ich es geschrieben habe.«

Ihre aufeinandergebissenen Zähne schimmerten über der Flamme. »Ich möchte dich jetzt berühren«, sagte ich. Sie hob das Gesicht, das in die Glut geblickt hatte; hob den glühenden Blick, der sich erhitzte wie sie, wie ihre Hände; und ich spürte, daß sie mich in meinem Winkel sah, wo ich noch immer saß und auf dem Stuhl schaukelte. »Du hast mir das nie gesagt«, sagte sie. »Jetzt sage ich es, und es ist die Wahrheit«, sagte ich. Auf der anderen Seite des Leuchters bat sie um eine Zigarette. Der Stummel war zwischen meinen Fingern verschwunden. Ich hatte vergessen, daß ich rauchte. Sie sagte: »Ich weiß nicht, warum ich mich nicht daran erinnern kann, wo ich es geschrieben habe.« Und ich sagte zu ihr: »Aus demselben Grund, aus dem ich mich morgen früh nicht an die Worte werde erinnern können.« Und sie sagte traurig: »Nein. Ich glaube nämlich manchmal, daß ich auch das geträumt habe.« Ich stand auf und schritt auf den Leuchter zu. Sie stand etwas weiter weg, und ich schritt weiter, Zigaretten und Streichhölzer in der Hand, die nicht über den Leuchter hinüberreichen würde. Ich bot ihr eine Zigarette an. Sie steckte sie zwischen die Lippen und beugte sich vor, um die Flamme zu erreichen, bevor ich Zeit hatte, ein Streichholz zu entzünden: »In irgendeiner Stadt der Welt müssen auf allen Mauern diese Worte stehen: ›Augen eines blauen Hundes‹ «, sagte ich. »Wenn ich mich morgen daran erinnerte, würde ich dich holen.« Wieder hob sie den Kopf und hielt bereits die brennende Zigarette zwischen den Lippen. »Augen eines blauen Hundes«, seufzte sie in Erinnerung, mit zum Kinn herabhängender Zigarette und einem halb geschlossenen Auge. Dann atmete sie den Rauch ein, die Zigarette zwischen den Fingern, und rief: »Das ist etwas anderes. Mir wird heiß.« Und sie sagte es mit lässiger ausweichender Stimme, als habe sie es in Wirklichkeit nicht gesagt, sondern nur auf ein Stück Papier geschrieben und dieses Papier der Flamme genähert, während ich las: »Mir wird« – und das Papierchen weiter zwischen Daumen und Zeigefinger hielt und drehte, während es verbrannte und ich seinen Inhalt gelesen hätte – . . . »heiß«, bevor das Papierchen ganz verbrannte, zerknittert, geschrumpft zu Boden fiel und zu einem winzigen Häufchen Asche zerfiel: »So ist es besser«, sagte ich. »Manchmal habe ich Angst, dich so zu sehen. Neben dem Leuchter zitternd.«

Wir sahen uns seit mehreren Jahren. Bisweilen, wenn wir zusammen waren, ließ draußen jemand ein Löffelchen fallen und wir erwachten. Nach und nach hatten wir begriffen, daß unsere Freundschaft von den Dingen, von den einfachsten Ereignissen abhing. Unsere Begegnungen endeten immer so, mit dem Fall eines Löffelchens im Morgengrauen.

Jetzt blickte sie mich neben dem Leuchter an. Ich erinnerte mich, daß sie mich auch früher so angeblickt hatte, in jenem fernen Traum, in dem ich meinen Stuhl auf den Hinterbeinen drehte und vor einer Unbekannten mit Aschenaugen saß. In diesem Traum war es gewesen, daß ich sie zum ersten Mal fragte: »Wer sind Sie?« Und sie sagte zu mir: »Ich erinnere mich nicht daran.« Und ich sagte zu ihr: »Ich glaube aber, wir haben uns schon früher gesehen.« Und sie sagte gleichgültig: »Ich glaube, daß ich einmal von Ihnen, von diesem Zimmer geträumt habe.« Und ich sagte zu ihr: »Sehr richtig. Ich beginne, mich daran zu erinnern.« Und sie sagte: »Wie merkwürdig. Wir sind uns bestimmt schon in anderen Träumen begegnet.«

Sie zog zweimal an ihrer Zigarette. Ich stand noch vor dem Leuchter, als ich sie mit einemmal anblickte. Ich blickte sie von oben bis unten an, sie war noch immer kupferfarben; doch nicht mehr aus hartem, kaltem Metall, sondern aus Messing, weich, schmiedefähig. »Ich möchte dich berühren«, sagte ich wieder. Und sie sagte: »Du würdest alles zunichte machen.« Ich sagte: »Das spielt jetzt keine Rolle mehr. Wir brauchen nur das Kissen umzudrehen, um uns wieder zu begegnen.« Ich streckte die Hand über dem Leuchter aus. Sie regte sich nicht. »Du würdest alles zunichte machen«, sagte sie wieder, bevor ich sie berühren konnte. »Vielleicht würden wir, wenn du dich hinter dem Leuchter umdrehst, irgendwo in der Welt erschreckt aus dem Schlaf auffahren.« Aber ich beharrte wieder: »Es spielt keine Rolle.« Und sie sagte: »Wenn wir das Kopfkissen umdrehten, würden wir uns wieder begegnen. Aber du, wenn du erwachst, wirst es vergessen haben.« Ich begann mich zur Ecke hin zu bewegen. Sie blieb stehen und wärmte sich die Hände über der Flamme. Ich war noch nicht bei meinem Stuhl, als ich sie hinter meinem Rücken sagen hörte: »Wenn ich um Mitternacht aufwache, drehe ich mich im Bett um, bis mir das Leintuch die Knie wund scheuert, während ich bis zum Tagesanbruch aufsage: ›Augen eines blauen Hundes.‹ «

Dann verharrte ich mit dem Gesicht gegen die Wand. »Es tagt schon«, sagte ich, ohne sie anzublicken. »Als es zwei Uhr schlug, war ich schon wach, und das ist eine ganze Weile her.« Ich ging auf die Tür zu. Als ich die Klinke anfaßte, hörte ich von neuem ihre gleichbleibende, unveränderliche Stimme: »Mach diese Tür nicht auf«, sagte sie. »Der Gang ist voll von schwierigen Träumen.« Und ich sagte zu ihr: »Woher weißt du das?« Und sie sagte zu mir: »Weil ich vor einem Augenblick dort war und zurückkehren mußte, als ich entdeckte, daß ich auf dem Herzen schlief.« Ich hielt die Tür halb offen. Ich bewegte den Türflügel ein wenig, ein kühles, sanftes Windchen brachte mir frischen Geruch von Gartenerde, von feuchtem Feld. Wieder sprach sie. Ich machte kehrt, bewegte noch den in geräuschlosen Angeln gleitenden Flügel und sagte: »Ich glaube, dort draußen ist kein Gang. Ich spüre den Geruch von freiem Feld.« Und sie, schon etwas weiter weg, sagte: »Ich kenne das besser als du. Es ist nämlich so, daß da draußen eine Frau vom Feld träumt.« Sie verschränkte die Arme über der Flamme. Und sprach weiter: »Es ist die Frau, die sich immer ein Haus auf dem Lande gewünscht hat und nie aus der Stadt herausgekommen ist.« Ich erinnerte mich, die Frau in einem früheren Traum gesehen zu haben, wußte aber schon bei halboffener Tür, daß ich in einer halben Stunde zum Frühstück hinuntergehen mußte. Und ich sagte: »Jedenfalls muß ich hier herauskommen, um aufzuwachen.«

Draußen wehte der Wind einen Augenblick, blieb dann still, und man hörte den Atem eines Schläfers, der sich gerade im Bett umgedreht hatte. Der Wind auf dem Feld hielt inne. Die Gerüche schwanden. »Morgen werde ich dich daran erkennen«, sagte ich. »Ich werde dich erkennen, wenn ich auf der Straße eine Frau sehe, die an die Wände schreibt: ›Augen eines blauen Hundes.‹« Und sie sagte mit traurigem Lächeln, und es war bereits ein Lächeln der Hingabe ans Unmögliche, ans Unerreichbare: »Dennoch wirst du dich während des Tages an nichts erinnern.« Wieder hielt sie die Hände über den Leuchter, das Antlitz von bitterem Nebel verdüstert: »Du bist der einzige Mann, der sich beim Erwachen an nichts von dem erinnert, was er geträumt hat.«

(1950)

Die Frau, die um sechs kam

Die Schwingtür ging auf. Zu dieser Stunde war niemand in Josés Restaurant. Es hatte gerade sechs geschlagen, und der Mann wußte, daß erst gegen halb sieben die ersten Stammgäste kamen. Seine Kundschaft war so konservativ und beständig, daß noch nicht der sechste Schlag der Uhr verklungen war, als auch schon eine Frau hereinkam, wie jeden Tag zu dieser Stunde, und sich wortlos auf den hohen Drehstuhl setzte. Sie hielt eine unangezündete Zigarette zwischen den Lippen.

»Hallo, Königin«, sagte José, als er sah, wie sie sich setzte. Dann schritt er ans andere Ende der Theke und reinigte mit einem trockenen Lappen deren Glasoberfläche. Immer wenn jemand das Restaurant betrat, machte José das gleiche. Sogar bei der Frau, zu der er eine gewisse Vertraulichkeit gewonnen hatte, führte der fette rotgesichtige Gastwirt seine tägliche Komödie des dienstbeflissenen Mannes vor. Er sagte vom äußersten Ende der Theke: »Was willst du heute?«

»Vor allem anderen will ich dich lehren, Kavalier zu sein«, sagte die Frau. Sie saß am Ende der Reihe von Drehstühlen, die Ellbogen auf die Theke gestützt, die erloschene Zigarette zwischen den Lippen. Als sie sprach, preßte sie den Mund zusammen, damit José die nicht brennende Zigarette auffiel.

»Ich hatte es nicht bemerkt«, sagte José.

»Bis heute hast du noch nichts bemerkt«, sagte die Frau.

Der Mann ließ den Lappen auf der Theke liegen, ging zu den dunklen, nach Teer und staubigem Holz riechenden Schränken und kehrte sogleich mit Streichhölzern zurück. Die Frau neigte sich vor, um die

Flamme zu erreichen, die zwischen den bäuerlichen, haarigen Händen des Mannes brannte. José sah das üppige Haar der Frau, auftoupiert mit fettiger, billiger Vaseline. Er sah ihre entblößte Schulter über der geblümten Korsage. Er sah den Ansatz der welken Brust, als die Frau den Kopf hob und ihre Zigarette schon glimmte.

»Bist schön heute, Königin«, sagte José.

»Laß den Quatsch«, sagte die Frau. »Glaub nicht, daß mir das hilft, dich zu bezahlen.«

»Das wollte ich nicht damit sagen, Königin«, sagte José. »Ich wette, dir ist heute das Mittagessen schlecht bekommen.«

Die Frau schluckte den ersten Zug dichten Rauchs herunter, verschränkte die Arme, die sie noch auf der Theke aufgestützt hatte, und blickte durch die große Scheibe des Restaurants auf die Straße. Sie hatte einen schwermütigen Gesichtsausdruck. Von angewiderter, vulgärer Schwermut.

»Ich werde dir ein anständiges Beefsteak braten«, sagte José.

»Ich habe noch kein Geld«, sagte die Frau.

»Seit drei Monaten hast du kein Geld, und noch immer habe ich dir etwas Anständiges vorgesetzt«, sagte José.

»Heut ist es anders«, sagte die Frau düster und blickte noch immer auf die Straße.

»Alle Tage sind gleich«, sagte José. »Alle Tage schlägt die Uhr sechs, du kommst rein und sagst, daß du einen Bärenhunger hast, und ich setze dir etwas Anständiges vor. Der einzige Unterschied ist der: Heute sagst du nicht, daß du einen Bärenhunger hast, sondern nur, daß der Tag anders ist.«

»Und es ist wahr«, sagte die Frau. Wieder blickte sie den Mann an, der auf der anderen Seite der Theke den Kühlschrank durchsuchte. Er tat das zwei, drei Sekunden lang. Dann blickte er auf die Uhr über dem Schrank. Es war drei Minuten nach sechs. »Es ist wahr, José. Heute ist es anders«, sagte sie. Sie stieß den Rauch aus und sprach leidenschaftlich, kurz angebunden. »Heute bin ich nicht um sechs gekommen, darum ist es anders, José.«

Der Mann blickte auf die Uhr.

»Ich hacke mir den Arm ab, wenn diese Uhr da eine Minute nachgeht«, sagte er.

»Das ist es nicht, José. Heute bin ich nicht um sechs gekommen«, sagte die Frau. »Ich bin um Viertel vor sechs gekommen.«

»Es ist gerade sechs, Königin«, sagte José. »Als du hereinkamst, hatte es soeben sechs geschlagen.«

»Ich bin seit einer Viertelstunde hier«, sagte die Frau. José ging zu ihrem Platz. Er schob sein riesiges aufgedunsenes Gesicht dicht zu ihr hin und zog mit dem Zeigefinger eines seiner Augenlider herunter.

»Blas mir hier drauf«, sagte er.

Die Frau warf den Kopf zurück. Sie war ernst, gelangweilt, weich, verschönt von einer Wolke aus Trauer und Müdigkeit.

»Laß den Quatsch, José. Du weißt, daß ich seit über sechs Monaten nicht mehr trinke.«

»Das kannst du jemand anderem flüstern«, sagte er, »mir nicht. Ich wette, ihr habt zu zweit mindestens einen Liter getrunken.«

»Ich habe zwei Schluck mit einem Freund gekippt«, sagte die Frau.

»Aha, das erklärt alles«, sagte José.

»Das erklärt gar nichts«, sagte die Frau. »Ich bin seit einer Viertelstunde hier.«

Der Mann zuckte mit den Achseln.

»Schön, wenn du darauf bestehst, bist du seit einer Viertelstunde hier«, sagte er. »Letzten Endes kommt es niemand auf zehn Minuten mehr oder weniger an.«

»Im Gegenteil, José«, sagte die Frau. Und streckte die Arme mit dem Ausdruck nachlässiger Hingabe auf der Glasoberfläche der Theke aus. Sie sagte: »Und nicht etwa, weil ich es so will: Es ist eine Viertelstunde vergangen, seit ich hier bin.« Wieder blickte sie auf die Uhr und berichtigte: »Was sage ich, es sind zwanzig Minuten.«

»Ist gut, Königin«, sagte der Mann. »Ich würde dir einen ganzen Tag und die Nacht dazu schenken, um dich zufrieden zu sehen.«

Während der ganzen Zeit hatte José sich hinter der Theke zu schaffen gemacht, Gegenstände umgeräumt, irgend etwas von einer Stelle zur anderen geschoben. Er war in seinem Element.

»Ich möchte dich zufrieden sehen«, wiederholte er. Plötzlich hielt er inne und kehrte zu der Stelle zurück, wo die Frau saß: »Weißt du, daß ich dich sehr gern habe?«

Die Frau blickte ihn kalt an.

»Na sowas? Was für eine Entdeckung, José. Glaubst du, ich würde für eine Million Pesos bei dir bleiben?«

»Das habe ich damit nicht sagen wollen, Königin«, sagte José. »Ich wette noch einmal, daß dir das Mittagessen schlecht bekommen ist.«

»Ich sag's nicht deshalb«, sagte die Frau. Und ihre Stimme klang weniger gleichgültig. »Keine Frau würde dein Gewicht aushalten, nicht für eine Million Pesos.«

José wurde rot. Er drehte der Frau den Rücken zu und schüttelte den Staub von den Flaschen im Schrank. Er sprach, ohne das Gesicht zu wenden. »Heut bist du unerträglich, Königin. Ich glaube, es ist das beste, du ißt dein Beefsteak und gehst schlafen.«

»Ich habe keinen Hunger«, sagte die Frau. Wieder blickte sie auf die Straße und sah die düsteren Fußgänger der verdämmernden Stadt. Einen Augenblick herrschte düstere Stille in dem Restaurant. Eine Ruhe, die nur Josés Hantieren in seinem Schrank unterbrach. Mit einemmal blickte die Frau nicht mehr auf die Straße und sprach mit leiser, zärtlicher, veränderter Stimme.

»Ist es wahr, daß du mich magst, Pepillo?«

»Es ist wahr«, sagte José trocken, ohne sie anzublicken.

»Obwohl ich das zu dir gesagt habe?« sagte die Frau.

»Was hast du zu mir gesagt?« sagte José, ohne seinen Tonfall zu verändern, noch immer ohne sie anzublicken.

»Das mit der Million Pesos«, sagte die Frau.

»Ich hatte es schon vergessen«, sagte José.

»Du magst mich also?« sagte die Frau.

»Ja«, sagte José.

Es entstand eine Pause. Josés Gesicht war noch immer den Schränken zugewandt, noch immer blickte er die Frau nicht an. Sie stieß eine neue Rauchwolke aus, lehnte die Brust auf die Theke und sagte behutsam, pfiffig, sich auf die Zunge beißend, bevor sie es sagte, als spreche sie auf Zehenspitzen: »Auch wenn ich nicht mit dir schlafe?«

Erst jetzt drehte José sich um und blickte sie an.

»Ich mag dich so sehr, daß ich nicht mit dir schlafen würde«, sagte er. Dann ging er zu ihrem Platz hinüber. Die mächtigen Arme vor ihr auf die Theke gestützt, blickte er sie von vorne an, blickte ihr in die Augen, sagte: »Ich mag dich so gerne, daß ich jeden Abend den Mann töten würde, der mit dir geht.«

Im ersten Augenblick schien die Frau verblüfft. Dann blickte sie den Mann aufmerksam an, mit einem schwankenden Ausdruck von Mitleid und Spott. Dann, aus der Fassung gebracht, bewahrte sie kurz Stillschweigen. Und dann lachte sie schallend heraus. »Du bist eifersüchtig, José. Ist ja toll, du bist eifersüchtig!«

Wieder errötete José mit freimütiger, fast verschämter Schüchternheit, wie ein kleiner Junge, dem man alle Geheimnisse auf einmal offenbart hat. Er sagte: »Heute abend verstehst du rein gar nichts, Königin.« Und wischte sich den Schweiß mit dem Lappen ab. Er sagte: »Das schlimme Leben verroht dich.«

Doch jetzt veränderte die Frau ihren Gesichtsausdruck.

»Dann eben nicht«, sagte sie. Und blickte ihm wieder in die Augen mit einem merkwürdigen Glanz im Blick, verhärmt und zugleich herausfordernd: »Dann bist du also nicht eifersüchtig.«

»In gewisser Weise doch«, sagte José. »Aber nicht, wie du sagst.« Er lockerte den Kragen und rieb sich weiter ab, trocknete sich den Hals mit dem Lappen ab.

»Also?« sagte die Frau.

»Es stimmt, ich mag dich so sehr, daß es mir nicht gefällt, wenn du das machst«, sagte José.

»Was?« sagte die Frau.

»Daß du jeden Tag mit einem anderen Mann abhaust«, sagte José.

»Ist es wahr, daß du ihn umbringen würdest, damit er nicht mit mir losginge?« sagte die Frau.

»Damit er nicht mit dir losginge, nein«, sagte José. »Ich würde ihn umbringen, weil er mit dir losgegangen *ist.*«

»Kommt aufs gleiche heraus«, sagte die Frau.

Die Unterhaltung war auf dem Siedepunkt angelangt. Die Frau sprach leise, sanft, beschwörend. Sie hielt das Gesicht fast hautnah an die gesunde, sanfte Backe des Mannes, der, vom Hauch ihrer Worte verzaubert, regungslos verharrte.

»All das ist wahr«, sagte José.

»Dann« – sagte die Frau und streckte die Hand aus, um den rauhen Arm des Mannes zu streicheln. Mit der anderen schnippte sie den Zigarettenstummel fort –

»... dann bist du also imstande, einen Mann umzubringen?«

»Wegen dem, was ich dir gesagt habe, ja«, sagte José. Und seine Stimme klang fast dramatisch.

Die Frau lachte krampfhaft los, doch offenbar mit der Absicht, ihn zu verspotten.

»Wie schrecklich, José. Wie schrecklich«, sagte sie, noch immer lachend. »José, der einen Menschen umbringt. Wer hätte gedacht, daß hinter dem dickbäuchigen, scheinheiligen Herrn, der mich nie zahlen läßt, der mir jeden Tag ein Beefsteak brät und sich mit mir unterhält, bis ich einen Mann finde, ein Mörder steckt. Wie schrecklich, José! Du machst mir Angst!«

José war verwirrt. Vielleicht fühlte er einen Anflug von Empörung. Vielleicht fühlte er sich, als die Frau loslachte, hintergangen.

»Du bist besoffen, Dummerchen«, sagte er. »Geh schlafen. Du hast nicht mal Lust auf was Eßbares.«

Doch die Frau, die jetzt nicht mehr lachte und wieder ernst war, nachdenklich, lehnte sich auf die Theke. Sie sah, wie der Mann sich entfernte. Sie sah ihn den Kühlschrank öffnen und wieder schließen, ohne etwas herauszunehmen. Dann sah sie ihn bis zum äußersten Ende der Theke gehen. Sie sah ihn, wie zu Anfang, das schimmernde Glas polieren. Dann sprach die Frau wieder in dem rührenden, sanften Tonfall, als sie gesagt hatte: »Ist es wahr, daß du mich magst, Pepillo?«

»José«, sagte sie.

Der Mann blickte sie nicht an.

»José!«

»Geh schlafen«, sagte José. »Und nimm ein Bad, bevor du dich hinlegst, damit du deine Besoffenheit abreagierst.«

»Ehrlich, José«, sagte die Frau. »Ich bin nicht besoffen.«

»Dann bist du wieder mal brutal«, sagte José.

»Komm her, ich muß mit dir reden«, sagte die Frau.

Der Mann schwankte näher, halb bereitwillig, halb mißtrauisch.

»Komm näher!«

Wieder blieb der Mann vor der Frau stehen. Sie beugte sich vor, zog ihn fest am Haar, doch offensichtlich mit einer Gebärde der Zartheit.

»Wiederhole mir, was du anfangs zu mir gesagt hast«, sagte sie.

»Was?« sagte José. Am Haar gepackt, suchte er sie mit geducktem Kopf anzublicken.

»Daß du einen Mann umbringen würdest, der mit mir ins Bett ginge«, sagte die Frau.

»Ich würde einen Mann umbringen, der mit dir ins Bett gegangen wäre, Königin. Das ist wahr«, sagte José.

Die Frau ließ ihn los.

»Dann würdest du mich verteidigen, wenn ich ihn umbrächte?« sagte sie bekräftigend und stieß mit derber Koketterie gegen Josés riesigen Schweinekopf. Der Mann erwiderte nichts; er lächelte.

»Antworte mir, José«, sagte die Frau. »Würdest du mich verteidigen, wenn ich ihn umbrächte?«

»Kommt drauf an«, sagte José. »Du weißt, es ist leichter gesagt als getan.«

»Niemandem glaubt die Polizei eher als dir«, sagte die Frau. José lächelte würdevoll, befriedigt. Die Frau beugte sich ihm von neuem über die Theke zu.

»Es ist wahr, José. Ich möchte wetten, du hast nie eine Lüge ausgesprochen«, sagte sie.

»Damit erreicht man nichts«, sagte José.

»Ist egal«, sagte die Frau. »Die Polizei weiß das und glaubt dir alles, ohne dich zweimal zu fragen.«

José begann, vor ihr leicht auf die Theke zu hämmern, ohne zu wissen, was er sagen sollte. Wieder blickte die Frau auf die Straße. Dann blickte sie auf die Uhr und veränderte ihren Tonfall, als sei sie darauf aus, das Zwiegespräch zu beenden, bevor die ersten Stammgäste kämen.

»Für mich würdest du lügen, José?« sagte sie. »Wahrhaftig.«

Jetzt blickte José sie plötzlich wieder tief an, als hämmere eine unheimliche Idee in seinem Kopf. Eine Idee, die zu einem Ohr hineinging, einen Augenblick unbestimmt und wirr kreiste und sogleich zum anderen herauskam und nur eine heiße Spur des Entsetzens hinterließ.

»In was für einen Schlamassel hast du dich eingelassen, Königin?« sagte José. Er neigte sich vor und verschränkte von neuem die Arme auf der Theke. Die Frau spürte den starken, leicht ammoniakhaltigen Hauch seines Atems, der wegen des Drucks der Theke auf den Magen des Mannes schwer ging.

»Ich meine es ernst, Königin. In was für einen Schlamassel hast du dich eingelassen?« sagte er.

Die Frau drehte ihren Kopf auf die andere Seite.

»In nichts«, sagte sie. »Ich hab' nur so geredet, um mich zu zerstreuen.«

Dann blickte sie ihn wieder an.

»Weißt du, daß du vielleicht gar niemand umbringen mußt?«

»Ich hab' nie daran gedacht, irgend jemanden umzubringen«, sagte José fassungslos.

»Nein, Mann«, sagte die Frau. »Ich meine niemanden, der mit mir ins Bett geht.«

»Ah!« sagte José. »Jetzt redest du Klartext. Ich habe immer geglaubt, daß du es nicht nötig hast, so ein Leben zu führen. Ich garantiere dir, daß ich, wenn du das sein läßt, dir jeden Tag noch ein größeres Beefsteak brate, ohne dir einen Centavo abzuknöpfen.«

»Danke, José«, sagte die Frau. »Aber es ist nicht deshalb. Es ist, weil ich mit niemandem mehr ins Bett gehen *kann.*«

»Schon wieder bringst du alles durcheinander«, sagte José. Er wirkte langsam ungeduldig.

»Ich bringe überhaupt nichts durcheinander«, sagte die Frau. Sie streckte sich auf dem Stuhl, und José sah ihre schlaffen traurigen Brüste unter der Korsage.

»Morgen gehe ich fort und verspreche dir, daß ich dich nie mehr belästigen werde. Ich verspreche dir, daß ich nie mehr mit einem ins Bett gehen werde.«

»Und woher kommt dir plötzlich die Hast?« sagte José.

»Ich hab' mich vor einem Weilchen entschlossen«, sagte die Frau. »Erst vor einem Augenblick ist mir klar geworden, daß es eine Schweinerei ist.«

José packte von neuem den Lappen und rieb wieder die Glasplatte neben ihr. Er redete, ohne sie anzublicken.

Er sagte: »Klar, so wie du's machst, ist es eine Schweinerei. Das hätte dir schon eine Zeitlang klar sein müssen.«

»Schon eine Zeitlang war ich mir im klaren darüber«, sagte die Frau. »Doch erst seit einem Weilchen bin ich davon überzeugt. Die Männer widern mich an.«

José lächelte. Er hob den Kopf, um sie anzublicken, noch immer lächelnd, aber er sah sie konzentriert, bestürzt, redend, mit hochgezogenen Schultern; sie wiegte sich auf ihrem Drehstuhl mit schweigsamer Miene, das Gesicht von frühzeitig herbstlichem Schein vergoldet.

»Meinst du nicht, daß man eine Frau in Ruhe lassen sollte, die einen Mann umbringt, weil sie, nachdem sie mit ihm zusammen gewesen ist, von ihm und von all den anderen, die mit ihr zusammen gewesen sind, angewidert ist?«

»So weit braucht man nun wieder nicht gehen«, sagte José bewegt, mit einem Anflug von Mitleid in der Stimme.

»Und wenn die Frau zu dem Mann sagt, er widert sie an, wenn sie ihm beim Anziehen zusieht, weil sie sich daran erinnert, daß sie sich den ganzen Nachmittag mit ihm herumgewälzt hat und fühlt, daß sie weder mit Seife noch Waschlappen seinen Geruch loswird?«

»Das geht vorüber, Königin«, sagte José, etwas gleichgültig geworden, und rieb die Theke blank. »Man braucht ihn deshalb nicht umzubringen. Man läßt ihn einfach laufen.«

Aber die Frau redete weiter, und ihre Stimme war ein einförmiger, entfesselter, leidenschaftlicher Strom.

»Und wenn nun die Frau zu ihm sagt, daß er sie anwidert, und der Mann aufhört, sich anzuziehen, und wieder zu ihr hinläuft und anfängt, sie zu küssen und . . . ?«

»Sowas tut kein anständiger Mann«, sagte José.

»Aber wenn er es tut?« sagte die Frau mit verzweifeltem Drängen. »Wenn der Mann nicht anständig ist und es doch tut und die Frau fühlt, daß er sie so sehr anwidert, daß sie sterben könnte, und sie weiß, die einzige Möglichkeit, Schluß zu machen mit all dem, ist, ihm ein Messer in den Wanst zu jagen?«

»Das ist einfach barbarisch«, sagte José. »Zum Glück gibt es keinen Mann, der tut, was du da erzählst.«

»Schön«, sagte die Frau, nunmehr völlig verzweifelt. »Und wenn er es tut? Nimm an, er tut's.«

»Jedenfalls ist es nicht so schlimm«, sagte José. Noch immer putzte er die Theke, ohne sich von der Stelle zu bewegen, und schenkte der Unterhaltung jetzt weniger Beachtung.

Die Frau schlug mit den Fingerknöcheln auf das Glas. Wieder wurde sie aggressiv und heftig.

»Du bist ein Urwaldmensch, José«, sagte sie. »Du begreifst überhaupt nichts.« Sie packte ihn gewalttätig am Ärmel. »Los, sag, daß die Frau ihn natürlich umbringen mußte.«

»Ist gut«, sagte José einlenkend und versöhnlich. »Alles wird schon so sein, wie du sagst.«

»Ist das nicht Selbstschutz?« sagte die Frau und zupfte ihn am Ärmel.

José warf ihr jetzt einen warmen, freundlichen Blick zu.

»Fast, fast«, sagte er. Und zwinkerte ihr mit einem Auge zu, mit einer Gebärde, die herzliches Verstehen und zugleich fragwürdige Komplizenschaft war. Doch die Frau blieb ernst; sie ließ ihn los.

»Würdest du die Unwahrheit sagen, um eine Frau zu verteidigen, die das tut?« sagte sie.

»Kommt drauf an«, sagte José.

»Kommt worauf an?« sagte die Frau.

»Kommt auf dic Frau an«, sagte José.

»Nimm an, es ist eine Frau, die du sehr gerne magst«, sagte die Frau. »Nicht, um mit ihr zusammen zu sein, weißt du? Sondern die du, wie du sagst, sehr gerne magst.«

»Schön, wie du willst, Königin«, sagte José lasch und gelangweilt.

Wieder entfernte er sich. Er hatte auf die Uhr gesehen. Er hatte gesehen, daß es gleich halb sieben war. Er hatte gedacht, daß sich in wenigen Minuten das Restaurant füllen würde, und vielleicht polierte er deshalb das Glas kräftiger und blickte dabei durch die Fensterscheibe auf die Straße. Die Frau blieb auf ihrem Stuhl sitzen, schweigsam, konzentriert, und schaute mit dem Ausdruck sinkender Traurigkeit den Bewegungen des Mannes zu. Sie sah ihn, wie eine allmählich verlöschende Lampe einen Mann sehen mochte. Plötzlich, ohne sichtliches Zeichen, sprach sie von neuem, mit salbungsvoller, sanftmütiger Stimme.

»José!«

Der Mann blickte sie mit trauriger, vager Zärtlichkeit an, wie eine Mutterkuh. Er blickte sie nicht an, um ihr zuzuhören, sondern nur um sie zu sehen, um zu wissen, daß sie da war, und wartete auf einen Blick, der nicht unbedingt beschirmend oder mitfühlend sein mußte. Nur einen spielerischen Blick.

»Ich habe dir gesagt, daß ich morgen fortgehe, und du hast darauf nichts zu mir gesagt«, sagte die Frau.

»Doch«, sagte José. »Du hast mir aber nicht gesagt, wohin du gehst.«

»Irgendwohin«, sagte die Frau. »Wo es keine Männer gibt, die mit einem ins Bett gehen wollen.«

Wieder lächelte José.

»Gehst du wirklich?« fragte er, als werde ihm plötzlich das Leben bewußt, und veränderte jäh seinen Gesichtsausdruck.

»Das hängt von dir ab«, sagte die Frau. »Wenn du mir genau sagen kannst, zu welcher Zeit ich gekommen bin, gehe ich morgen fort und mische mich nie mehr in diese Dinge. Einverstanden?«

José bejahte mit dem Kopf, lächelnd und positiv. Die Frau beugte sich zu ihm hinüber.

»Wenn ich eines Tages wieder hierher komme, werde ich eifersüchtig sein, wenn ich, zu dieser Stunde und auf diesem Stuhl, eine andere Frau mit dir reden sehe.«

»Wenn du wiederkommst, mußt du mir was mitbringen«, sagte José.

»Ich verspreche dir, daß ich überall das Aufziehbärchen suche, um's dir zu bringen«, sagte die Frau.

José lächelte und fuhr mit dem Lappen durch die Luft, die ihn von der Frau trennte, als reinige er eine unsichtbare Scheibe. Auch die Frau lächelte, nun mit einem Anflug von Herzlichkeit und Koketterie. Dann schob sich der Mann fort und rieb die Glasplatte am äußersten Ende der Theke ab.

»Was?« sagte José, ohne sie anzublicken.

»Du wirst doch jedem, der dich fragt, zu welcher

Zeit ich gekommen bin, sagen, um Viertel vor sechs?« sagte die Frau.

»Wozu?« sagte José und blickte sie noch immer nicht an, als habe er sie eben erst gehört.

»Spielt keine Rolle«, sagte die Frau. »Hauptsache, du tust es.«

Jetzt sah José den ersten Stammgast, der durch die Schwingtür hereinkam und auf einen Ecktisch zuging. Er blickte auf die Uhr. Es war Punkt halb sieben.

»Ist gut, Königin«, sagte er zerstreut. »Wie du willst. Ich mache immer alles, wie du's willst.«

»Schön«, sagte die Frau. »Dann brat mir jetzt mein Beefsteak.«

Der Mann ging zum Kühlschrank, holte einen Teller mit Fleisch heraus und stellte ihn auf den Tisch. Dann zündete er den Herd an.

»Ich werde dir ein anständiges Abschiedsbeefsteak braten«, sagte er.

»Danke, Pepillo«, sagte die Frau.

Sie versank in Nachdenken, als sei sie plötzlich in eine seltsame Unterwelt getaucht, bevölkert von trüben, unbekannten Formen. Auf der anderen Seite der Theke war das Geräusch des frischen Fleischs in der siedenden Butter nicht zu hören. Nachher hörte sie auch nicht das trockene, brodelnde Knistern, als José das Lendenstück in der Pfanne umdrehte und der saftige Geruch des gewürzten Fleischs allmählich die Luft des Restaurants sättigte. Gesammelt, übermäßig gesammelt saß sie da, bis sie endlich blinzelnd den Kopf hob, als sei sie von einem sekundenlangen Tod zurückgekehrt. Dann sah sie den Mann, der, vom fröhlich lodernden Feuer erleuchtet, vor dem Herd stand.

»Pepillo.«

»Ah!«

»Woran denkst du?« sagte die Frau.

»Ich dachte, ob du irgendwo das Aufziehbärchen finden könntest«, sagte José.

»Klar kann ich das«, sagte die Frau. »Aber ich will, daß du mir sagst, ob du mir alles gibst, was ich mir zum Abschied von dir wünsche.«

José blickte vom Herd auf.

»Bis wann soll ich dir das sagen?« sagte er. »Willst du noch mehr als das beste Beefsteak?«

»Ja«, sagte die Frau.

»Was?« sagte José.

»Ich will noch eine Viertelstunde.«

José lehnte den Körper zurück, um auf die Uhr zu sehen. Dann blickte er auf den Stammgast, der still in seiner Ecke wartete, und schließlich auf das Fleisch, das in der Pfanne bräunte. Erst dann sprach er.

»Im Ernst, ich verstehe nicht, Königin«, sagte er.

»Sei nicht blöd, José«, sagte die Frau. »Denk daran, daß ich seit halb sechs hier bin.«

(1950)

Nabo lag auf dem Gesicht im Heu. Er spürte den Uringeruch des Stalls, der über seinen Körper strich. Er fühlte auf der grauen glänzenden Haut die lauwarme Lohe der letzten Pferde, aber er fühlte nicht seine Haut. Nabo fühlte nichts. Es war, als habe er seit dem letzten Schlag des Hufs gegen seine Stirn geschlafen und seither nur dieses eine Gefühl. Ein doppeltes Gefühl, das ihm den Geruch nach feuchtem Stall und zugleich das unzählige Gewusel der unsichtbaren Insekten im Heu anzeigte. Er öffnete die Augen. Er schloß sie wieder und verharrte ruhig, ausgestreckt, hart, wie er es den ganzen Nachmittag getan hatte, und er fühlte sich zeitlos wachsen, bis jemand hinter ihm sagte: »Los, Nabo. Du hast genug geschlafen.« Er drehte sich um und sah nicht die Pferde, obwohl die Tür geschlossen war. Nabo mußte sich sagen, daß die Tiere irgendwo in der Dunkelheit waren, obwohl er nicht ihr ungeduldiges Ausschlagen hörte. Er sagte sich, daß der, der mit ihm sprach, wohl außerhalb des Pferdestalls war, denn die Tür war von innen verschlossen und verriegelt. Wieder sagte die Stimme hinter ihm: »Ganz recht, Nabo, du hast genug geschlafen. Du schläfst seit gut drei Tagen.« Erst jetzt öffnete Nabo die Augen ganz und erinnerte sich: »Ich bin hier, weil ein Pferd mir einen Hufschlag versetzt hat.«

Er wußte nicht, in welcher Stunde er lebte. Die Tage waren zurückgeblieben. Es war, als habe jemand mit einem feuchten Schwamm über die fernen Samstagabende gewischt, an denen er auf den Dorfplatz gegangen war. Er vergaß sein weißes Hemd. Er vergaß, daß er einen grünen Hut besaß, aus grünem Stroh, und eine dunkle Hose. Er vergaß, daß er keine Schuhe besaß.

Nabo ging Samstag abends auf den Platz, setzte sich in eine Ecke, stumm, aber nicht um die Musik zu hören, sondern um den Neger zu sehen. Er sah ihn jeden Samstag. Der Neger trug eine Hornbrille, die an den Ohren festgebunden war, und spielte an einem der hinteren Notenpulte Saxophon. Nabo sah den Neger, aber der Neger sah Nabo nicht. Jedenfalls, hätte jemand gewußt, daß Nabo Samstag abends auf den Platz ging, um den Neger zu sehen, und ihn gefragt (nicht jetzt, weil er sich nicht daran erinnern konnte), ob der Neger ihn denn einmal gesehen habe, hätte Nabo nein gesagt. Es war das einzige, was er nach dem Pferdestriegeln tat: den Neger sehen.

Eines Samstags stand der Neger nicht hinter seinem Notenpult der Musikkapelle. Nabo dachte wohl zunächst, er würde nicht mehr bei den Volkskonzerten mitspielen, obwohl das Notenpult noch dort stand. Und trotzdem, gerade weil das Notenpult da stand, dachte er später, würde der Neger am kommenden Samstag wieder spielen. Doch am kommenden Samstag kam er nicht wieder, und auch das Notenpult stand nicht mehr an seinem Platz.

Nabo drehte sich auf die Seite und sah den Mann, der mit ihm sprach. Zunächst erkannte er ihn nicht, ausgelöscht, wie jener von der Dunkelheit des Pferdestalls war. Der Mann saß auf einer vorspringenden Bodenplanke, redete und hämmerte sich auf die Knie. »Ein Pferd hat nach mir ausgeschlagen«, sagte Nabo wieder, bemüht, den Mann zu erkennen. »Stimmt«, sagte der Mann. »Aber die Pferde sind nicht mehr da, und wir erwarten dich im Chor.« Nabo schüttelte den Kopf. Er hatte noch nicht angefangen zu denken, glaubte aber bereits, den Mann irgendwo gesehen zu haben. Der Mann sagte, sie erwarteten Nabo im Chor. Nabo verstand nicht, wunderte sich aber nicht, daß jemand das zu ihm sagte, denn jeden Tag, während er die Pferde striegelte, erfand er Lieder, um diese zu unterhalten. Dann sang er dieselben Pferdelieder in der Stube, um die stumme Kleine zu unterhalten. Aber die Kleine war in einer anderen Welt, in der Welt der Stube, sie saß, die Augen auf die Wand geheftet. Wenn jemand ihm während des Singens gesagt hätte, er wolle ihn zu einem Chor mitnehmen, er wäre nicht verwundert gewesen. Jetzt war er noch weniger verwundert, weil er nicht verstand. Er war erschöpft, benommen, vertiert. »Ich will wissen, wo die Pferde sind«, sagte er. Der Mann sagte: »Ich habe dir doch gesagt, daß die Pferde nicht hier sind. Uns interessiert nur, eine Stimme wie die deine mitzubringen.« Vielleicht hörte Nabo mit dem Gesicht im Heu, aber er konnte den Schmerz, den der Huf auf seiner Stirn hinterlassen hatte, nicht von den anderen ungeordneten Empfindungen unterscheiden. Er wendete den Kopf im Heu und schlief ein.

Nabo ging dennoch zwei oder drei Wochen auf den Platz, obwohl der Neger nicht mehr in der Kapelle spielte. Vielleicht würde jemand Nabo geantwortet haben, wenn er gefragt hätte, was mit dem Neger passiert sei. Aber er fragte nicht, sondern hörte sich die Konzerte an, bis ein anderer Mann mit einem anderen Saxophon hinter dem Pult des Negers stand. Jetzt war Nabo überzeugt davon, daß der Neger nicht wieder kommen würde, und beschloß auch, nicht wieder auf den Platz zu gehen. Als er erwachte, glaubte er nur sehr kurz geschlafen zu haben. Noch immer brannte der Geruch nach feuchtem Heu in seiner Nase. Noch immer war die Dunkelheit vor seinen Augen und rings um ihn her. Doch noch immer war der Mann in der Ecke. Die dunkle friedliche Stimme des Mannes, der sich auf die Knie hämmerte, sagte: »Wir erwarten dich, Nabo. Du hast fast zwei Jahre lang geschlafen und willst immer noch nicht aufstehen.« Jetzt schloß

Nabo wieder die Augen. Dann öffnete er sie, blickte in die Ecke und sah von neuem den Mann, verwirrt, ratlos. Erst jetzt erkannte er ihn.

Hätten wir im Haus gewußt, was Nabo Samstag abends auf dem Platz tat, wir hätten gedacht, daß er dann deshalb nicht mehr hinging, weil er bereits Musik im Haus hatte. Nämlich, als wir das Grammophon brachten, um die Kleine zu unterhalten. Da jemand nötig war, um es den ganzen Tag aufzuziehen, schien es das nächstliegende, daß Nabo dieser Jemand sei. Er konnte es ja tun, wenn er nicht mit den Pferden beschäftigt war. Die Kleine saß und hörte die Platten. Mitunter, wenn die Musik spielte, rutschte die Kleine vom Stuhl, ohne den Blick von der Wand zu wenden, sabbelnd, und schleppte sich in den Hausgang. Nabo hob die Nadel und begann zu singen. Anfangs, als er ins Haus gekommen war und wir ihn fragten, was er könne, sagte Nabo, er könne singen. Aber das interessierte niemanden. Was benötigt wurde, war ein Bursche zum Striegeln der Pferde. Nabo blieb, sang aber weiter, als hätten wir ihn aufgenommen, damit er singe, und als sei das Pferdestriegeln nur eine Unterhaltung, welche die Arbeit leichter machte. Das ging so über ein Jahr, bis wir im Haus uns an den Gedanken gewöhnt hatten, daß die Kleine nie mehr gehen würde, nie mehr jemanden erkennen würde und die einsame tote Kleine bleiben würde, die Grammophon hörte, kalt auf die Wand blickte, bis wir sie vom Stuhl hoben und sie ins Schlafzimmer brachten. Jetzt tat sie uns nicht mehr weh, aber Nabo blieb ihr treu und zog stets pünktlich das Grammophon auf. Es war in den Tagen, als Nabo noch Samstag abends auf den Platz ging. Eines Tages, als der Bursche im Pferdestall war, sagte jemand am Grammophon: »Nabo.« Wir waren auf der Veranda, kümmerten uns nicht um das, was niemand gesagt haben konnte. Doch als wir zum zweiten Mal

»Nabo« hörten, hoben wir den Kopf und fragten: »Wer ist bei der Kleinen?« Und jemand sagte: »Ich habe niemand reingehen sehen.« Und ein anderer sagte: »Ich bin sicher, eine Stimme gehört zu haben, die ›Nabo‹ gesagt hat.« Doch als wir nachsahen, fanden wir nur die Kleine auf dem Fußboden an der Wand lehnen.

Nabo kam früh wieder und legte sich zu Bett. Am darauffolgenden Samstag kehrte er nicht auf den Dorfplatz zurück, weil der Neger bereits ersetzt worden war. Und drei Wochen später, an einem Montag, begann das Grammophon zu spielen, während Nabo im Stall war. Anfangs kümmerte sich niemand darum. Erst später, als wir den Negerjungen kommen sahen, singend und vom Pferdewasser triefend, fragten wir: »Wie bist du herausgekommen?« Er sagte: »Durch die Tür. Ich war seit Mittag im Stall.« – »Das Grammophon spielt. Hörst du es nicht?« fragten wir. Nabo sagte ja. Und wir fragten: »Wer hat es aufgezogen?« Und er, mit den Achseln zuckend: »Die Kleine. Sie zieht es schon lange auf.«

So standen die Dinge bis zu dem Tag, an dem wir ihn mit dem Gesicht im Heu liegen sahen, eingeschlossen im Stall und die Kante des Hufs in die Stirn gegraben. Als wir ihn an den Schultern hochhoben, sagte Nabo: »Ich bin hier, weil ein Pferd mich geschlagen hat.« Aber niemand interessierte sich für das, was er sagen mochte. Uns interessierten die kalten toten Augen und der mit grünem Schaum bedeckte Mund. Er weinte die ganze Nacht, fieberheiß, irreredend und von dem Kamm fantasierend, der im Heu des Stalls verlorengegangen war. Das war am ersten Tag. Am darauffolgenden, als er die Augen öffnete und sagte: »Ich habe Durst« und wir ihm Wasser brachten und er es in einem Zug austrank und er noch zweimal um etwas mehr bat, fragten wir ihn, wie er sich fühle, und er sagte: »Ich fühle mich, als hätte mich ein Pferd geschlagen.« Und er redete den ganzen Tag weiter und die ganze Nacht. Schließlich setzte er sich im Bett auf, deutete mit dem Zeigefinger nach oben und sagte, wegen der galoppierenden Pferde habe er die ganze Nacht kein Auge zugetan. Doch seit der vergangenen Nacht hatte er kein Fieber mehr. Auch redete er nicht mehr irre, sondern redete einfach weiter, bis wir ihm ein Taschentuch in den Mund stopften. Nun fing Nabo hinter dem Taschentuch zu singen an, sagte, neben seinem Ohr höre er das Atmen der Pferde, die über der verschlossenen Tür nach Wasser suchten. Als wir ihn von dem Taschentuch befreiten, damit er etwas aß, drehte er sich zur Wand, und wir glaubten alle, er sei eingeschlafen, und vielleicht schlief er auch kurze Zeit. Als er aber erwachte, lag er nicht mehr im Bett. Seine Füße und seine Hände waren an einem Stützbalken angebunden. Gefesselt begann Nabo zu singen.

Als er ihn erkannte, sagte Nabo zu dem Mann: »Ich habe Sie schon gesehen.« Und der Mann sagte: »Jeden Samstag hat man mich auf dem Platz gesehen.« Und Nabo sagte: »Stimmt, aber ich glaubte, ich hätte Sie gesehen, und Sie hätten mich nicht gesehen.« Und der Mann sagte: »Ich habe dich nie gesehen, aber nachher, als ich nicht mehr hinging, fühlte ich, als hätte mich jemand samstags nicht mehr gesehen.« Und Nabo sagte: »Sie sind nicht mehr hingegangen, aber ich bin noch drei oder vier Wochen hingegangen.« Und der Mann, der sich noch immer nicht von der Stelle rührte, sich aber auf die Knie hämmerte: »Ich konnte nicht mehr auf den Platz gehen, obwohl es das einzige war, was sich lohnte.« Nabo versuchte sich aufzurichten, schüttelte den Kopf im Heu und hörte weiterhin der kalten beharrlichen Stimme zu, bis ihm nicht mal mehr die Zeit blieb zu wissen, daß er von neuem einschlief. Das geschah immer, seitdem das Pferd ihn geschlagen hatte. Und immer hörte er die Stimme: »Wir erwarten dich, Nabo. Wir können schon nicht mehr nachrechnen, wie lange du geschlafen hast.«

Vier Wochen nachdem der Neger nicht mehr zur Kapelle zurückgekehrt war, kämmte Nabo den Schweif eines der Pferde. Das hatte er nie getan. Er striegelte sie nur, und dabei konnte man singen. Doch am Mittwoch war er auf den Markt gegangen, hatte einen Kamm gesehen und sich gesagt: Dieser Kamm da, zum Kämmen der Pferdeschweife. Dann geschah das mit dem Pferd, das nach ihm ausschlug und ihn fürs ganze Leben verblödete, vor zehn oder fünfzehn Jahren. Jemand im Haus sagte: »Besser, er wäre an dem Tag gestorben, statt durchzudrehen und das ganze Leben lang Unsinn zu reden.« Aber niemand hatte ihn wiedergesehen seit dem Tag, an dem wir ihn einsperrten. Wir wußten nur, daß er da war, eingesperrt im Schlafzimmer, und daß die Kleine nie wieder das Grammophon aufgezogen hatte. Aber im Haus legten wir kaum Wert darauf, das zu wissen. Wir hatten ihn eingesperrt, als sei er ein Pferd, als hätte der Schlag des Hufs ihm dessen Unbeholfenheit eingeimpft und ihm die ganze Sturheit der Pferde in die Stirn gegraben: die Vertiertheit. Und wir isolierten ihn in vier eigenen Wänden, als hätten wir beschlossen, ihn hinter Schloß und Riegel sterben zu lassen, weil wir nicht kaltblütig genug waren, ihn auf andere Weise zu töten. So vergingen vierzehn Jahre, bis eines von den Kindern heranwuchs und sagte, es verspüre Lust, sein Gesicht zu sehen. Und es öffnete die Tür.

Nabo sah wieder den Mann an. »Ein Pferd hat mich geschlagen«, sagte er. Und der Mann sagte: »Das sagst du seit Jahrhunderten, und dabei erwarten wir dich im Chor.« Nabo schüttelte wieder den Kopf, vergrub wieder die verletzte Stirn im Heu und glaubte sich plötzlich daran zu erinnern, wie alles gekommen war.

»Es war das erste Mal, daß ich einem Pferd den Schweif kämmte«, sagte er. Und der Mann sagte: »Wir wollten es so, damit du bei uns im Chor singst.« Und Nabo sagte: »Ich hätte den Kamm nicht kaufen sollen.« Und der Mann sagte: »Du hättest ihn auf jeden Fall gefunden. Wir hatten beschlossen, daß du den Kamm findest und den Pferden die Schweife kämmst.« Und Nabo sagte: »Ich war nie hinter ihnen stehengeblieben.« Und der Mann, noch immer ruhig, noch immer ohne ungeduldig zu werden: »Aber du bist hinter ihm stehengeblieben, und das Pferd hat ausgeschlagen. Nur so konntest du zu uns in den Chor kommen.« Und die Unterhaltung, die unerbittliche, tägliche, ging so weiter, bis jemand im Haus sagte: »Es muß fünfzehn Jahre her sein, daß jemand diese Tür aufgemacht hat.« Die Kleine – sie war nicht gewachsen; sie war über die Dreißig hinaus und begann in den Lidern traurig zu werden – saß und blickte auf die Wand, als man die Tür öffnete. Sie wandte den Kopf und schnupperte nach der anderen Seite hin. Als man die Tür schloß, sagten sie wieder: »Nabo ist ruhig. Er bewegt sich schon nicht mehr dort drinnen. Eines Tages wird er sterben, und wir werden es nur durch den Gestank erfahren.« Und jemand sagte: »Wir werden es durch das Essen erfahren. Er hat nie aufgehört zu essen. Es geht ihm gut, so eingesperrt, ohne daß ihn jemand stört. Er kriegt gutes Licht von der Hinterseite.« Und so blieb alles; nur daß die Kleine weiterhin zur Tür blickte und den warmen Dunst witterte, der durch die Spalte drang. So verharrte sie bis zu dem Morgengrauen, als wir im Wohnzimmer ein metallisches Geräusch hörten und uns einfiel, daß es das gleiche Geräusch war, das fünfzehn Jahre früher zu hören gewesen war, als Nabo das Grammophon aufzog. Wir standen auf, zündeten die Lampe an und hörten die ersten Takte des vergessenen Liedes, des traurigen Liedes, das seit so vielen Jahren tot war auf der Platte. Das Geräusch ertönte weiter, immer unnatürlicher, bis ein trockener Knall zu hören war in dem Augenblick, als wir in die Stube traten und fühlten, daß die Platte noch klang, und wir die Kleine in der Ecke sahen, vor dem Grammophon, auf die Wand blickend, in der Hand die aus der Musiktruhe gelöste Kurbel. Wir rührten uns nicht. Die Kleine rührte sich nicht, sondern stand da, ruhig, steif, die Wand anblickend und die Kurbel in der Hand. Wir sagten nichts, sondern gingen ins Schlafzimmer zurück, und uns fiel ein, daß uns einmal jemand gesagt hatte, die Kleine wisse, wie man das Grammophon aufzieht. Daran dachten wir jetzt und konnten nicht einschlafen, wir hörten die kleine Melodie der abgespielten Platte, die sich noch dank der verbliebenen Kraft der gesprungenen Feder drehte.

Tags zuvor, als man die Tür öffnete, roch es drinnen nach biologischem Abfall, nach einem toten Körper. Derjenige, der geöffnet hatte, schrie: »Nabo! Nabo!« Aber niemand antwortete von drinnen. Vor dem Spalt stand der leere Teller. Dreimal am Tag schob man den Teller unter der Tür durch, und dreimal kam der Teller ohne Essen wieder heraus. Dadurch wußten wir, daß Nabo am Leben war. Aber nur dadurch.

Er rührte sich nicht mehr drinnen, er sang nicht mehr. Es war wohl auch, nachdem man die Tür verschlossen hatte, daß Nabo zu dem Mann sagte: »Ich kann nicht zum Chor kommen.« Und der Mann fragte warum. Und Nabo sagte: »Weil ich keine Schuhe habe.« Und der Mann sagte, die Füße hebend: »Das macht nichts. Hier trägt niemand Schuhe.« Und Nabo sah die gelbliche harte Sohle der nackten Füße, die der Mann hochgehoben hatte. »Eine Ewigkeit schon warte ich auf dich«, sagte der Mann. »Vor einem Augenblick erst hat mich das Pferd geschlagen«, sagte Nabo. »Jetzt will ich mir etwas Wasser über den Kopf gießen, und dann will ich sie ausführen.« Und der Mann sagte: »Die Pferde brauchen dich nicht mehr. Es sind keine Pferde mehr da. Du sollst mit uns kommen.« Und Nabo sagte: »Die Pferde müßten hier sein.« Er richtete sich halb auf und vergrub die Hände im Heu, während der Mann sagte: »Fünfzehn Jahre schon haben sie niemand, der sie pflegt.« Aber Nabo scharrte auf dem Boden unter dem Heu und sagte: »Aber der Kamm muß noch da sein.« Und der Mann sagte: »Man hat den Pferdestall vor fünfzehn Jahren geschlossen. Jetzt ist er voller Abfall.« Und Nabo sagte: »Abfall sammelt sich nicht in einem Nachmittag an. Bis ich den Kamm nicht gefunden habe, gehe ich hier nicht raus.«

Am darauffolgenden Tag, nachdem sie die Tür verriegelt hatten, hörten sie wieder drinnen das mühsame Treiben. Diesmal rührte sich niemand. Niemand sagte wieder etwas, als sie das erste Knarren hörten und die Tür langsam, unter äußerstem Druck, nachgab. Drinnen hörte man etwas wie das Keuchen eines eingepferchten Tiers. Endlich hörte man das Kreischen der verrosteten Angeln, die barsten, als Nabo wieder den Kopf schüttelte. »Solange ich nicht den Kamm finde, gehe ich nicht zum Chor«, sagte er. »Er muß hier sein.« Und er grub im Heu, riß es auseinander und scharrte auf dem Boden, bis der Mann sagte: »In Ordnung, Nabo. Wenn du erst zum Chor kommen kannst, nachdem du den Kamm gefunden hast, dann suche ihn eben.« Dabei beugte er sich vor, das Gesicht von geduldigem Hochmut verdunkelt. Er stützte die Hände auf das Gatter und sagte: »Los, Nabo. Ich werde dafür sorgen, daß dich keiner davon abhält.«

Und dann gab die Tür nach, und der riesige vertierte Neger mit der tiefen rauhen Narbe auf der Stirn – trotz der verstrichenen fünfzehn Jahre – kam heraus, über die Möbel stolpernd, hob drohend die Fäuste, an denen noch die Stricke hingen, mit denen man ihn vor fünfzehn Jahren festgebunden hatte – als er ein Negerbursche war, der die Pferde pflegte –; tobte in den Gängen, nachdem er mit der Schulter ungestüm die Tür zugeschlagen hatte, und stürzte – bevor er in den Hinterhof gelangte – an der Kleinen vorbei, die sitzenblieb, noch immer, seit der vergangenen Nacht, die Kurbel des Grammophons in der Hand – als sie die entfesselte schwarze Gewalt sah, erinnerte sie sich an etwas, was einmal Wort gewesen sein mußte –, und gelangte in den Hinterhof – bevor er den Stall fand –, nachdem er mit der Schulter den Wohnzimmerspiegel mitgerissen hatte, doch ohne die Kleine zu sehen – weder am Grammophon noch im Spiegel –, und stand mit dem Gesicht zur Sonne, mit geschlossenen Augen, blind – während drinnen noch der zersplitterte Spiegel krachte –, und lief ziellos wie ein Pferd mit verbundenen Augen auf der Suche nach der Tür des Stalls, den fünfzehn Jahre des Eingesperrtseins aus seinem Gedächtnis, aber nicht aus seinen Instinkten getilgt hatten – seit jenem fernen Tag, an dem er dem Pferd den Schweif gekämmt hatte und fürs ganze Leben verblödet worden war –, und wie ein Stier mit verbundenen Augen in einem Zimmer voller Lampen Verwüstung hinter sich lassend, Verhängnis und Wirrsal, gelangte er schließlich in den Hinterhof – noch immer ohne den Stall zu finden – und scharrte über den Boden mit dem wütenden Ungestüm, mit dem er den Spiegel umgerissen hatte, vielleicht mit der Vorstellung, daß beim Aufwühlen des Heus der Geruch von Stutenurin wieder aufsteigen würde, bevor er an die Türen des Pferdestalls gelangte – er selber jetzt stärker als seine eigene wilde Kraft – und sie zu früh aufstieß und drinnen aufs Gesicht fiel, vielleicht im Todeskampf, aber noch betäubt von jener wilden Vertiertheit, die ihm vor einer halben Sekunde verwehrt hatte, die Kleine zu hören, welche die Kurbel hob, als sie ihn vorbeistürzen sah und sich sabbelnd erinnerte, doch ohne sich von ihrem Stuhl zu bewegen, ohne den Mund zu bewegen und, nur die Grammophonkurbel in der Luft drehend, sich an das einzige Wort erinnerte, das sie in ihrem Leben zu sprechen gelernt hatte, und es aus dem Wohnzimmer schrie: »Nabo! Nabo!«

(1951)

Jemand bringt diese Rosen in Unordnung

Da Sonntag ist und es aufgehört hat zu regnen, denke ich daran, einen Strauß Rosen auf mein Grab zu legen. Rote und weiße Rosen, solche, die sie für Altäre und Kränze züchtet. Heute vormittag ist sie wegen dieses stummen, bedrückenden Winters, der mich an den Hügel erinnert hat, auf den die Leute vom Dorf ihre Toten betten, betrübt gewesen. Es ist ein kahler, baumloser Ort, reingefegt von den durch die Vorsehung bestimmten Brosamen, die zurückkehren, wenn der Wind vorbei ist. Jetzt, da es aufgehört hat zu regnen und der verschlammte Hang durch die Mittagssonne hart geworden ist, könnte ich bis zum Grab gelangen, in dessen Tiefe mein Kinderleib ruht, vermengt jetzt und zwischen Schnecken und Wurzeln zerstückelt.

Sie liegt vor ihren Heiligen auf den Knien. Sie ist versunken, seit ich aufgehört habe, mich im Zimmer zu bewegen, nachdem mein erster Versuch, zum Altar zu gelangen und die frischesten, rotglühendsten Rosen einzusammeln, gescheitert ist. Vielleicht hätte ich es heute tun können; aber das Lämpchen blinzelte, und sie, aus ihrer Ekstase erwachend, hob den Kopf und blickte zur Ecke, wo der Stuhl steht. Sie mußte wohl denken: »Wieder der Wind«, denn in der Tat knackte etwas neben dem Altar und das Zimmer bewegte sich eine Sekunde in Wellen, als sei der Stand der in ihr seit so langer Zeit gestauten Erinnerungen schwankend geworden. Dann begriff ich, daß ich eine neue Gelegenheit abwarten müsse, um die Rosen einzusammeln, denn sie war noch immer wach und blickte auf den Stuhl und hätte neben ihrem Gesicht das Geräusch meiner Hände hören können. Jetzt muß ich warten, bis sie in ein paar Sekunden das Zimmer verläßt und im Nebenraum ihren wohlbemessenen, unveränderlichen Sonntagnachmittagsschlaf hält. Dann kann ich möglicherweise mit den Rosen hinausgehen und zurück sein, bevor sie ins Zimmer zurückkehrt und wieder den Stuhl ansieht.

Am letzten Sonntag war es schwieriger. Ich mußte fast zwei Stunden warten, bis sie in Ekstase fiel. Sie wirkte unruhig, verhärmt, als quäle sie die Gewißheit, daß ihre Einsamkeit im Haus plötzlich weniger ausschließlich geworden war. Sie ging mehrere Male mit dem Strauß Rosen im Zimmer umher, bevor sie ihn auf dem Altar niederlegte. Dann trat sie in den Durchgang hinaus, bog nach innen ab und betrat den Nachbarraum. Ich wußte, daß sie die Lampe suchte. Und dann, als sie wieder an der Tür vorüberging und ich sie in der Helle des Korridors in dem dunklen Jäckchen und den rosaroten Strümpfen sah, schien sie mir dieselbe zu sein, die sich vor vierzig Jahren als kleines Mädchen in diesem selben Zimmer über mein Bett beugte und sagte: »Jetzt, durch die Zahnstocher, hat er offene und harte Augen.« Es war, als sei keine Zeit verflossen seit jenem zurückliegenden Augustabend, an dem die Frauen sie ins Schlafzimmer gebracht, ihr den Leichnam gezeigt und zu ihr gesagt hatten: »Weine. Er war wie ein Bruder von dir«, und sie lehnte sich an die Wand, gehorchte und weinte, noch vom Regen durchnäßt.

Seit drei oder vier Sonntagen versuche ich bis zu den Rosen vorzudringen, doch sie ist wachsam vor dem Altar sitzen geblieben; sie bewacht die Rosen mit schreckhaftem Eifer, den ich an ihr im Verlauf der zwanzig Jahre, die sie schon im Hause wohnt, nie erlebt habe. Am vergangenen Sonntag, als sie hinausging, um die Lampe zu holen, gelang es mir, einen Strauß aus den besten Rosen zu binden. In keinem Augenblick bin ich der Verwirklichung meines Wunsches näher gewesen. Doch als ich mich anschickte, zum Stuhl zurückzukehren, hörte ich von neuem ihre Schritte im Durchgang und ordnete eilends die Rosen auf dem Altar; dann sah ich sie mit der hochgehaltenen Lampe im Türausschnitt erscheinen.

Sie hatte das dunkle Jäckchen angelegt und die rosaroten Strümpfe, doch in ihrem Antlitz lag etwas wie der Widerschein einer Offenbarung. Sie glich jetzt nicht der Frau, die seit zwanzig Jahren Rosen im Garten züchtete, sondern eben dem Kinde, das an jenem Augustabend ins Nachbarzimmer gebracht worden war, um sich umzuziehen, und die nun mit einer Lampe zurückkehrte, fett und gealtert, vierzig Jahre später.

Meine Schuhe haben noch immer die harte Lehmkruste, die sich an jenem Abend gebildet hatte, obwohl sie zwanzig Jahre lang neben dem erloschenen Herd trockneten. Eines Tages ging ich sie holen. Das war, nachdem sie die Türen schlossen, und vom Türsturz das Brot herunterholten und den Aloezweig und die Möbel fortschafften. Alle Möbel mit Ausnahme des Eckstuhls, der mir während dieser ganzen Zeit als Aufenthaltsort gedient hat. Ich wußte, daß die Schuhe zum Trocknen hingestellt worden waren und daß sie sich nicht einmal daran erinnerten, als sie das Haus verließen. Daher ging ich sie holen.

Sie kehrte viele Jahre später zurück. Es war soviel Zeit verflossen, daß der Moschusgeruch des Zimmers sich mit dem Staubgeruch, mit dem trockenen minimalen Hauch von Insekten vermengt hatte. Ich war allein im Haus und saß in meinem Winkel, wartend. Ich hatte das Geräusch des modernden Holzes zu unterscheiden gelernt, das Flattern der in den verschlossenen Alkoven alternden Luft. Dann also kam sie. Sie war in der Tür mit einem Köfferchen in der Hand stehen geblieben, sie trug einen grünen Strohhut und das gleiche

Baumwolljäckchen, das sie seitdem nicht mehr abgelegt hat. Sie war noch ein junges Mädchen. Sie hatte noch nicht begonnen, dick zu werden, noch waren ihre Fußknöchel unter den Strümpfen wie heute geschwollen. Ich war mit Staub und Spinnweben bedeckt, als sie die Tür öffnete und die Zikade irgendwo im Zimmer verstummte, die zwanzig Jahre lang gezirpt hatte. Doch trotz alldem, trotz der Spinnweben und des Staubs, der plötzlichen Reue der Zikade und des neuen Alters der Neu-Angekommenen, erkannte ich in ihr das Kind wieder, das mich an jenem stürmischen Augustabend begleitet hatte, um im Stall Nester auszunehmen. So wie sie da in der Tür stand, ihr Köfferchen in der Hand und den grünen Strohhut auf dem Kopf, sah es aus, als würde sie sogleich losschreien, dasselbe sagen, was sie gesagt hatte, als man mich im Stroh des Stalls auf dem Rücken liegen fand, den Querbalken der entzweigebrochenen Treppe fest umklammert. Als sie die Tür ganz geöffnet hatte, knirschten die Angeln und der Staub fiel schubweise von der Decke herunter, als habe jemand hartnäckig gegen den Dachfirst geklopft, und dann zögerte sie auf der Schwelle zur Helligkeit, schob danach den Körper halb ins Zimmer hinein und sagte mit der Stimme eines Menschen, der einen Schlafenden ruft: »Kind! Kind!« Und ich verharrte still auf meinem Stuhl, starr, mit ausgestreckten Füßen.

Ich glaubte, sie käme nur, um das Zimmer zu sehen, doch sie blieb im Hause wohnen. Sie lüftete den Raum, und es war, als habe sie ihr Köfferchen geöffnet und ihr alter Moschusgeruch sei daraus entwichen. Die anderen hatten die Möbel und die Wäsche in den Truhen mitgenommen. Sie hatte nur die Gerüche des Schlafzimmers mitgenommen; und zwanzig Jahre später brachte sie sie wieder mit, verteilte sie an die richtigen Stellen und baute den kleinen Altar wieder auf; genau wie früher. Allein ihre Gegenwart genügte, um das wiederherzustellen, was der unerbittliche Arbeitseifer der Zeit zerstört hatte. Seit damals ißt und schläft sie im Raum nebenan, verbringt jedoch ihre Tage in diesem und hält stillschweigende Zwiesprache mit den Heiligen. Nachmittags setzt sie sich in den Schaukelstuhl neben der Tür und flickt Wäsche, während sie die Leute bedient, die Blumen bei ihr kaufen wollen. Sie schaukelt immer, während sie Wäsche flickt. Und wenn jemand wegen eines Straußes Rosen kommt, verwahrt sie die Münzen im Zipfel des Taschentuchs, das sie an ihren Gürtel verknotet und sagt jedes Mal: »Pflücken Sie welche an der rechten Seite, die auf der linken sind für die Heiligen.«

Und so sitzt sie seit zwanzig Jahren im Schaukelstuhl und flickt ihre Sächelchen, sie schaukelt sich, blickt zum Stuhl hinüber, als habe sie nun nicht mehr für den kleinen Jungen zu sorgen, der mit ihr die Nachmittage der Kindheit geteilt hat, sondern für den invaliden Enkel, der hier ist und in der Ecke sitzt, seit die Großmutter fünf Jahre alt war.

Es wäre möglich, daß ich mich jetzt, wenn ich wieder den Kopf senke, den Rosen nähern kann. Wenn es mir gelingt, werde ich zum Hügel gehen, werde sie auf das Grabmal legen und zu meinem Sitz zurückkehren und auf den Tag warten, an dem sie nicht ins Schlafzimmer zurückkehrt und die Geräusche in den Nebenräumen verstummen.

An diesem Tag wird eine Veränderung in alldem vor sich gehen, denn dann werde ich wieder das Haus verlassen müssen, um jemand mitzuteilen, daß die Frau mit den Rosen, die allein in dem halbverfallenen Haus wohnt, vier Männer benötigt, die sie zum Hügel bringen. Dann werde ich endgültig allein im Zimmer bleiben. Doch dafür wird sie zufrieden sein. Denn an diesem Tag wird sie wissen, daß es nicht der unsichtbare

Wind war, der jeden Sonntag zu ihrem Altar kam und die Rosen in Unordnung brachte.

(1952)

Die Nacht der Rohrdommeln

Wir drei saßen um den Tisch, als jemand eine Münze in den Schlitz warf und die Wurlitzerorgel aufs neue die allabendliche Platte zu spielen begann. Das übrige zu bedenken hatten wir keine Zeit. Es geschah, bevor wir uns besinnen konnten, wo wir waren, und bevor wir unseren Ortssinn wiedergefunden hatten.

Einer von uns streckte die Hand auf der Theke aus und tastete umher (wir sahen die Hand nicht, wir hörten sie), stieß gegen ein Glas und verhielt sich dann still, während beide Hände auf der harten Oberfläche ausruhten. Darauf suchten wir drei uns in der Dunkelheit und fanden einander an den Gelenken unserer dreißig Finger, die sich auf der Theke angesammelt hatten. Einer sagte:

»Gehen wir.«

Und wir standen auf, als sei nichts geschehen. Noch hatten wir keine Zeit gehabt, die Fassung zu verlieren.

Im Gang hörten wir im Vorübergehen die nahe, uns entgegenklingende Musik. Wir spürten den Geruch von traurigen Frauen, die herumsitzen und warten. Wir spürten die lange Leere des Gangs vor uns, während wir auf die Tür zugingen und bevor uns der andere, saure Geruch der Frau empfing, die an der Tür saß. Wir sagten:

»Wir gehen.«

Die Frau erwiderte nichts. Wir vernahmen das Knarren eines aufwärts nachgebenden Schaukelstuhls, als sie aufstand. Wir hörten die Tritte auf dem losen Holzboden und dann wieder das Rückkehren der Frau, als die Angeln der Tür von neuem knarrten und diese hinter uns ins Schloß fiel.

Wir kehrten um. Dort hinten war die Luft des unsichtbaren Morgens schneidend kalt, und eine Stimme sagte:

»Gehen Sie weg, ich will hier mit etwas vorbei.«

Wir traten zurück. Die Stimme sagte wieder:

»Sie stehen noch immer vor der Tür.«

Erst jetzt, als wir nach allen Seiten ausgewichen waren und die Stimme ringsherum überall hörten, sagten wir:

»Wir können hier nicht weg. Die Rohrdommeln haben uns die Augen ausgehackt.«

Dann hörten wir mehrere Türen aufgehen. Einer von uns löste sich von den Händen der anderen, und wir hörten ihn zögernd durch die Dunkelheit kriechen und an die Gegenstände stoßen, die uns umgaben. Er sprach von nirgendwoher in der Dunkelheit:

»Wir müssen schon nahe daran sein«, sagte er. »Hier riecht es nach aufgestapelten Truhen.«

Wieder spürten wir die Berührung seiner Hände; wir lehnten uns an die Wand, und eine andere Stimme tönte vorbei, jedoch in entgegengesetzter Richtung.

»Es könnten Särge sein«, sagte einer von uns.

Der, welcher in die Ecke gekrochen war und jetzt neben uns atmete, sagte:

»Es sind Truhen. Schon als Kind habe ich gelernt, den Geruch aufbewahrter Wäsche zu erkennen.«

Nun bewegten wir uns dorthin. Der Fußboden war nachgiebig und glatt wie festgetretene Erde. Jemand streckte eine Hand aus. Wir spürten die Berührung mit einer großen, lebendigen Hautfläche, spürten aber nicht mehr die Wand auf der anderen Seite.

»Das ist eine Frau«, sagten wir.

Der andere, jener, der von den Truhen gesprochen hatte, sagte:

»Ich glaube, sie schläft.«

Der Körper zuckte unter unseren Händen zusammen; er zitterte; wir fühlten ihn entgleiten, aber nicht, als hätte er sich unserem Zugriff entzogen, sondern als hätte er aufgehört zu existieren. Doch nach einem Augenblick, während wir still blieben, starr, Schulter an Schulter gelehnt, hörten wir seine Stimme:

»Wer ist da?« sagte sie.

»Wir sind es«, antworteten wir, ohne uns zu bewegen.

Man hörte die Bewegung im Bett; das Knarren und das Tasten der Füße, die die Pantoffeln im Dunkeln suchten. Dann stellten wir uns die Frau sitzend vor, wie sie uns halbwach anblickte.

»Was sucht ihr hier?« sagte sie.

Und wir sagten:

»Wir wissen es nicht. Die Rohrdommeln haben uns die Augen ausgehackt.«

Die Stimme sagte, sie habe davon gehört. In den Zeitungen hätte gestanden, drei Männer hätten Bier in einem Hinterhof getrunken, in dem fünf oder sechs Rohrdommeln waren. Sieben Rohrdommeln. Einer der Männer habe wie eine Rohrdommel zu singen begonnen, habe sie nachgeahmt.

»Das Schlimmste war, daß es zu später Stunde geschehen ist«, sagte sie. »Dann sind die Rohrdommeln auf den Tisch gehüpft und haben ihnen die Augen ausgehackt.«

Sie sagte, das hätte in den Zeitungen gestanden, aber niemand habe es geglaubt. Wir sagten:

»Wenn die Leute da waren, hätten sie die Rohrdommeln sehen müssen.«

Und die Frau sagte:

»Sie waren da. Der Innenhof war am nächsten Tag voll mit Leuten, aber die Frau hatte die Rohrdommeln schon fortgeschafft.«

Als wir umkehrten, hörte die Frau zu sprechen auf. Wieder war da die Wand. Wir brauchten uns nur umzudrehen, um die Wand zu finden. Rings um uns, uns umzingelnd, war immer eine Wand. Wieder löste sich einer von unseren Händen. Wir hörten ihn sich von neuem vorwärtstasten, den Fußboden beschnuppern, sagen:

»Jetzt weiß ich nicht mehr, wo die Truhen stehen. Ich glaube, wir sind schon woanders.«

Und wir sagten:

»Komm her. Hier ist jemand neben uns.«

Wir hörten ihn näherkommen. Wir spürten ihn neben uns aufstehen, und wieder traf uns sein lauwarmer Atem im Gesicht.

»Strecke die Hände dorthin aus«, sagten wir zu ihm. »Da ist jemand, der uns kennt.«

Er mußte die Hand ausstrecken; mußte sich zu der angedeuteten Stelle hin bewegen, denn einen Augenblick später kehrte er zurück und sagte zu uns:

»Ich glaube, es ist ein Junge.«

Und wir sagten:

»Gut, frag ihn, ob er uns kennt.«

Er stellte die Frage. Wir hörten die teilnahmslose, schlichte Stimme des Jungen, der sagte:

»Ja, ich kenne sie. Sie sind die Männer, denen die Rohrdommeln die Augen ausgehackt haben.«

Dann sprach eine erwachsene Stimme. Die Stimme einer Frau, die sich hinter einer geschlossenen Tür aufzuhalten schien, und sie sagte:

»Du sprichst ja schon mit dir allein.«

Und die kindliche Stimme sagte unbekümmert:

»Nein. Die Männer sind wieder da, denen die Rohrdommeln die Augen ausgehackt haben.«

Man hörte Angeln knarren und gleich darauf die erwachsene Stimme, näher als beim ersten Mal.

»Bring sie nach Hause«, sagte sie.

Und der Junge sagte:

»Ich weiß nicht, wo sie wohnen.«

Und die erwachsene Stimme sagte:

»Sei nicht so ungefällig. Jedermann weiß seit der

Nacht, in der die Rohrdommeln ihnen die Augen ausgehackt haben, wo sie wohnen.«

Dann sprach sie in verändertem Tonfall, als wendete sie sich an uns:

»Es ist nämlich so, daß niemand es glauben wollte, und es heißt, es sei eine Falschmeldung der Zeitungen gewesen, um die Auflagen hochzutreiben. Niemand hat die Rohrdommeln gesehen.«

Und sie sagte:

»Aber mir würde niemand glauben, wenn ich Sie durch die Straße führte.«

Wir bewegten uns nicht; wir waren still, wir lehnten an der Wand und hörten ihr zu. Und die Frau sagte:

»Wenn der da Sie führen will, ist es etwas anderes. Schließlich würde niemand etwas darauf geben, was ein Junge sagt.«

Die kindliche Stimme unterbrach:

»Wenn ich mit denen auf die Straße gehe und sage, es sind die Männer, denen die Rohrdommeln die Augen ausgehackt haben, würden die Jungen mit Steinen nach mir werfen. Alle auf der Straße sagen, daß so etwas nicht passiert.«

Einen Augenblick trat Stillschweigen ein. Dann ging die Tür wieder zu, und der Junge sprach wieder:

»Außerdem lese ich gerade ›Terry und die Piraten.‹ «

Jemand sagte uns ins Ohr:

»Ich werde ihn überzeugen.«

Er kroch dorthin, wo die Stimme war.

»Das gefällt mir«, sagte er. »Sag uns wenigstens, was Terry in dieser Woche erlebt hat.«

Er will sein Vertrauen gewinnen, dachten wir. Aber der Junge sagte:

»Das interessiert mich nicht. Das einzige, was mir gefällt, sind die Farben.«

»Terry war in einem Labyrinth!« sagten wir.

Und der Junge sagte:

»Das war Freitag. Heute ist Sonntag, und was mich interessiert, sind die Farben.«

Und er sagte es mit kalter, leidenschaftsloser, gleichgültiger Stimme.

Als der andere zurückkehrte, sagten wir:

»Wir irren schon seit etwa drei Tagen umher und haben uns nicht ein einziges Mal ausgeruht.«

Und einer sagte:

»Gut. Ruhen wir uns eine Weile aus, aber ohne uns mit den Händen loszulassen.«

Wir setzten uns. Eine unsichtbare, lauwarme Sonne begann unsere Schultern zu wärmen. Aber nicht einmal die Gegenwart der Sonne interessierte uns. Wir spürten sie irgendwo, hatten das Gefühl für die Entfernungen, die Stunde, die Himmelsrichtungen verloren. Mehrere Stimmen wanderten vorüber.

»Die Rohrdommeln haben uns die Augen ausgehackt«, sagten wir.

Und eine der Stimmen sagte:

»Die haben die Zeitungen ernst genommen.«

Die Stimmen verschwanden. Und wir blieben sitzen, Schulter an Schulter, und warteten darauf, daß im Vorüberfluten der Stimmen, der Bilder, ein bekannter Geruch oder eine bekannte Stimme auftauchte. Die Sonne wärmte weiterhin unsere Köpfe.

Dann sagte jemand:

»Gehen wir wieder zur Wand.«

Und die anderen, regungslos, die Köpfe der unsichtbaren Helligkeit entgegengehoben, sagten:

»Noch nicht. Warten wir solange, bis die Sonne uns ins Gesicht brennt.«

(1953)

Isabels Monolog beim Betrachten des Regens in Macondo

Eines Sonntags nach der Messe brach überstürzt der Winter herein. Samstag nacht war es noch erstickend heiß gewesen. Noch am Sonntagmorgen glaubte niemand, daß es regnen würde. Nach der Messe, bevor die Frauen die Druckfeder ihrer Schirme finden konnten, blies ein dichter dunkler Wind, der den Staub und den harten Zunder des Mai in weitem Bogen auseinanderfegte. Jemand sagte neben mir: »Das ist Regenwind.« Ich wußte es schon vorher. Seit wir in den Vorhof hinausgegangen waren und ich mich von dem qualligen Gefühl im Bauch durchschauert gefühlt hatte. Die Männer rannten auf die nächsten Häuser zu, und eine Hand am Hut, ein Taschentuch in der anderen schützten sie sich gegen den Wind und das Staubgestöber. Dann regnete es. Und der Himmel wurde eine sülzeartige graue Masse, die dicht über unseren Köpfen hing.

Den Rest des Vormittags saßen meine Stiefmutter und ich am Terrassengeländer, froh, daß der Regen den Rosmarin und die Narde wieder belebte, die nach sieben Monaten siedenden Sommers und sengenden Staubs in ihren Töpfen verdorrten. Gegen Mittag verstummte das Trommeln auf die Erde, und ein Geruch von gewendeter Scholle, von erwachtem, erneuertem Wachstum vermengte sich mit dem frischen, gesunden Duftgemisch aus Regen und Rosmarin. Mein Vater sagte beim Mittagessen: »Wenn's im Mai regnet, so bedeutet es, daß gute Regen kommen.« Lächelnd, von der Leuchtkraft der neuen Jahreszeit durchdrungen, sagte meine Stiefmutter zu mir: »Das hast du in der Predigt gehört.« Und mein Vater lächelte und aß mit

Appetit zu Mittag und verbrachte sogar seine Siesta am Terrassengeländer, schweigsam, die Augen geschlossen, doch ohne zu schlafen, wie um uns glauben zu machen, daß er wachend träume.

Es regnete den ganzen Nachmittag ununterbrochen. Man hörte das Wasser mit einförmiger friedlicher Eindringlichkeit fallen, wie wenn man einen ganzen Nachmittag in einem Zug fährt. Doch ohne daß wir es merkten, drang der Regen tief in unsere Sinne ein. Montag im Morgengrauen, als wir die Tür schlossen, um den aus dem Innenhof wehenden, schneidenden, eiskalten Wind einzusperren, waren unsere Sinne von Regen bis an den Rand gefüllt. Am Montagmorgen vermochten sie ihn nicht mehr zu halten. Wieder betrachteten meine Stiefmutter und ich den Garten. Die rauhe braune Maierde hatte sich über Nacht in eine dunkle teigige Masse verwandelt, Schmierseife ähnlich. Zwischen den Blumentöpfen brach sich ein Wasserbach Bahn. »Ich glaube, sie haben die ganze Nacht über mehr als genug Wasser bekommen«, sagte meine Stiefmutter. Ich merkte, daß sie nicht mehr lächelte und daß aus ihrer Freude vom Vortag erschöpfter, verdrossener Ernst geworden war. »Ich glaube auch«, sagte ich. »Es wäre besser, die Indio-Arbeiter stellten sie in den Gang, bis es aufhört.« Die Guajiros taten es, während der Regen wuchs wie ein riesiger Baum über den Bäumen. Mein Vater saß am selben Platz, den er am Sonntagnachmittag eingenommen hatte, sprach aber nicht vom Regen. Sagte: »Ich muß gestern nacht schlecht geschlafen haben, denn beim Erwachen tat mir das Rückgrat weh.« Und saß gegen das Geländer gelehnt, die Füße auf einem Stuhl und das Gesicht zum leeren Garten hingewandt. Erst gegen Abend, nachdem er das Mittagessen zurückgewiesen hatte, sagte er: »Es sieht aus, als ob es überhaupt nicht mehr aufhörte.« Und ich erinnerte mich an die Monate der Hitze.

Erinnerte mich an den August, an den langen benommenen Mittagsschlummer, in dem wir uns unter dem Gewicht der Stunde zum Sterben legten, während unsere Kleider vom Schweiß klebten und wir draußen das beharrliche taube Summen der stillstehenden Stunde hörten. Ich sah die vom Wasser abgewaschenen Wände, die gequollenen Holzfugen. Ich sah das Gärtchen, leer zum ersten Mal, den Jasminstrauch vor der Mauer, getreu dem Andenken meiner Mutter. Ich sah meinen Vater im Schaukelstuhl, den schmerzenden Rücken an ein Kissen gelehnt und seine traurigen Augen verirrt im Labyrinth des Regens. Ich erinnerte mich an die Augustnächte, in deren betörendem Schweigen man nichts hört als das tausendjährige Geräusch der Erde, die sich um ihre rostige ungeölte Achse dreht. Plötzlich fühlte ich mich von bedrückender Wehmut überwältigt.

Es regnete den ganzen Montag, wie am Sonntag. Doch nun schien es, als regnete es auf andere Weise, weil etwas Neues, Bitteres in meinem Herzen geschah. Gegen Abend sagte eine Stimme neben meinem Stuhl: »Langweilig, dieser Regen.« Ohne mich umzublicken, erkannte ich Martíns Stimme. Ich wußte, daß er auf dem Nachbarstuhl sprach, mit dem gleichen kalten benommenen Ausdruck, der sich seit jenem düsteren Morgengrauen im Dezember, als er mein Mann wurde, nicht einmal geändert hatte. Seitdem waren fünf Monate vergangen. Jetzt sollte ich ein Kind bekommen. Und Martín saß neben mir und sagte, der Regen sei langweilig. »Langweilig nicht«, sagte ich. »Was ich einfach trostlos finde, ist der leere Garten und die armen Bäume, die man nicht aus dem Innenhof nehmen kann.« Dann blickte ich mich nach ihm um, aber Martín war nicht mehr da. Nur eine Stimme, die zu mir sagte: »Es scheint nie mehr aufhören zu wollen«, und als ich nach der Stimme blickte, fand ich nur den leeren Stuhl.

Dienstag morgen war eine Kuh im Garten. Sie sah aus

wie ein Kreidefelsvorsprung, in ihrer harten, widerspenstigen Unbeweglichkeit, die Hufe im Lehm versunken und den Kopf vornübergefallen. Während des Vormittags versuchten die Guajiros sie mit Stecken und Backsteinen zu vertreiben. Aber die Kuh blieb unerschütterlich im Garten, hart, unverletzlich, die Hufe nach wie vor im Lehm versunken und der riesige Kopf vom Regen erniedrigt. Die Guajiros setzten ihr zu, bis mein Vater mit seiner geduldigen Nachricht ihr zu Hilfe kam: »Laßt sie in Ruhe«, sagte er. »Sie wird abziehen, wie sie gekommen ist.«

Dienstag gegen Abend drückte und schmerzte das Wasser wie ein Leichentuch ums Herz. Die Frische des ersten Morgens begann sich in heiße, zähe Feuchtigkeit zu verkehren. Die Temperatur war weder kalt noch warm; es war die Temperatur des Schüttelfrostes. Die Füße schwitzten in den Schuhen. Man wußte nicht, was unangenehmer war, die nackte Haut oder die Berührung der Haut mit den Kleidern. Im Hause hatte jede Tätigkeit aufgehört. Wir setzten uns auf die Terrasse, betrachteten aber nicht mehr den Regen wie am ersten Tag. Wir fühlten ihn nicht mehr fallen. Wir sahen nur noch die Umrisse der Bäume im Nebel, in einer traurigen, trostlosen Dämmerung, die auf den Lippen den gleichen Geschmack hinterließ, mit dem man erwacht, wenn man von einem Unbekannten geträumt hat. Ich wußte, daß Dienstag war, und erinnerte mich an die Zwillingsschwestern aus Sankt Hieronymus, die blinden Mädchen, die jede Woche ins Haus kommen und uns einfache Lieder vorsingen, traurig vom bitteren, wehrlosen Wunder ihrer Stimmen. Über das Regengeräusch hinweg hörte ich das Liedchen der blinden Zwillingsschwestern und stellte sie mir in ihrem Haus vor, zusammengekauert darauf wartend, daß der Regen aufhörte, damit sie ausgehen und singen könnten. An solch einem Tag würden weder die Zwillinge aus Sankt Hieronymus kommen, dachte ich, noch würde das Bettelweib nach dem Mittagsschlaf auf der Terrasse erscheinen und wie jeden Dienstag um das ewige Zweiglein Melisse bitten.

An jenem Tag vergaßen wir die Reihenfolge der Mahlzeiten. Zur Stunde der Siesta trug meine Stiefmutter einen Teller einfache Suppe und ein Stück ranziges Brot auf. Aber in Wirklichkeit aßen wir seit Montagabend nicht mehr, und ich glaube, wir dachten seit diesem Zeitpunkt nicht mehr nach. Wir waren vom Regen gelähmt, betäubt, dem Zusammenbruch der Natur ausgeliefert in einer Haltung friedfertiger Entsagung. Nur die Kuh regte sich gegen Abend. Plötzlich schüttelte ein tiefes Geräusch ihre Eingeweide, und ihre Hufe gruben sich mit größerer Kraft in den Lehmboden. Dann blieb sie eine halbe Stunde lang reglos, als sei sie schon tot, doch konnte sie nicht fallen, denn die Gewohnheit, am Leben zu sein, hinderte sie daran, die Angewohnheit, in derselben Stellung im Regen zu verharren, bis die Gewohnheit schwächer war als der Körper. Nun bog sie die Vorderbeine, (stemmte mit letzter Kraftanstrengung die dunklen, glänzenden Flanken hoch), grub das sabbernde Maul in den Schlamm und ergab sich schließlich dem Gewicht ihrer eigenen Masse in einer schweigsamen, allmählichen und würdigen Zeremonie völligen Zusammenbruchs. »Soweit ist sie nun«, sagte jemand hinter mir. Ich drehte mich um und sah auf der Schwelle die Dienstagsbettlerin, die durch das Unwetter gekommen war, um ihr Melissenzweiglein zu erbitten.

Vielleicht hätte der Mittwoch mich an diese beklemmende Umgebung gewöhnt, hätte nicht, als ich ins Wohnzimmer kam, der Tisch an der Wand gestanden, die Möbel darauf gestapelt, und auf der anderen Seite, auf einem nachts aufgestellten Behelfsgestell, die Truhen und Kisten mit dem Hausrat. Das Bild löste in mir ein schreckliches Gefühl der Leere aus. Etwas war während der Nacht geschehen. Das Haus war aus den Fugen geraten; die Guajiros, ohne Hemd und barfuß, schleppten die Möbel ins Eßzimmer. Im Gesichtsausdruck der Männer, ja in dem Eifer, mit dem sie arbeiteten, äußerte sich die Grausamkeit der gescheiterten Auflehnung, der aufgezwungenen demütigenden Unterwerfung, unter den Regen. Ich bewegte mich richtungslos, willenlos. Ich fühlte mich in trostloses Ödland verwandelt, besät mit Algen und Flechten, quallig weichen Pilzen, befruchtet vom widerwärtigen Wachstum der Feuchtigkeit und Düsternis. Ich stand im Wohnzimmer und betrachtete das wüste Schauspiel der aufgestapelten Möbel, als ich die Stimme meiner Stiefmutter in der Kammer hörte, die mich warnte, ich könne mir eine Lungenentzündung holen. Jetzt erst merkte ich, daß das Wasser mir bis zu den Knöcheln reichte, daß das Haus überschwemmt und der Fußboden mit einer dicken Schicht schleimig-toten Wassers bedeckt war.

Am Mittwochmittag war es noch nicht Tag. Und vor drei Uhr nachmittags war die Nacht voll eingebrochen, vorzeitig und kränklich, mit dem gleichen langsamen, eintönigen und erbarmungslosen Rhythmus des Regens im Innenhof. Es war eine verfrühte, sanfte und todesdüstere Abenddämmerung, die mitten im Stillschweigen der Guajiros wuchs, die auf den Stühlen an den Wänden kauerten, ergeben und machtlos angesichts der Verwirrung in der Natur. Nun begannen Nachrichten von der Straße einzutreffen. Niemand brachte sie. Sie kamen einfach, selbständig, wie herbeigebracht vom fließenden Lehm, der durch die Gassen kroch und Hausrat mitführte, Dinge und Aberdinge, Trümmer einer fernen Katastrophe, Gerümpel und tote Tiere. Am Sonntag geschehene Ereignisse, als der Regen noch die Ankündigung einer verheißungsvollen

Jahreszeit war, gelangten erst nach zwei Tagen zu uns. Und am Mittwoch kamen die Nachrichten, wie angetrieben vom eigenen Kraftkern des Unwetters. Nun erfuhr man, daß die Kirche überschwemmt war, man erwartete ihren Einsturz. Jemand, der es eigentlich kaum wissen konnte, sagte an jenem Abend: »Seit Montag kann der Zug nicht mehr über die Brücke. Es scheint, der Fluß hat die Schienen mitgerissen.« Auch erfuhr man, eine kranke Frau sei aus ihrem Bett verschwunden und nachmittags im Innenhof schwimmend gefunden worden.

Schreckgebannt und besessen von Entsetzen und der Sintflut, setzte ich mich mit hochgezogenen Beinen in den Schaukelstuhl, die Augen starr auf die feuchte, von düsteren Vorahnungen angefüllte Finsternis geheftet. Meine Stiefmutter trat in die Tür mit hochgehaltener Lampe und hocherhobenem Kopf. Sie erschien mir als vertrautes Gespenst, vor dem ich nicht zusammenzuckte, weil ich selbst ihren übernatürlichen Zustand teilte. Sie kam auf mich zu. Noch immer hielt sie den Kopf erhoben und die Lampe hoch und patschte durch das Wasser des Gangs. »Jetzt müssen wir beten«, sagte sie. Ich sah ihr vertrocknetes, gefurchtes Gesicht, als sei sie aus menschenfremdem Stoff gemacht. Sie stand vor mir, den Rosenkranz in der Hand, und sagte: »Jetzt müssen wir beten. Das Wasser hat die Gräber aufgebrochen, und die armen Toten schwimmen im Friedhof umher.«

Vielleicht hatte ich in der letzten Nacht ein wenig geschlafen, als ich von einem säuerlich aufsässigen Geruch wie von verwesenden Leibern aufgefahren war. Ich schüttelte kräftig Martín, der neben mir schnarchte. »Riechst du's nicht?« fragte ich, und er sagte: »Was?« Und ich sagte: »Den Geruch. Das müssen die Toten sein, die durch die Gassen schwimmen.« Ich fühlte mich von diesem Gedanken überwältigt, doch

Martín drehte sich zur Wand und sagte mit schläfrigheiserer Stimme: »Das sind so deine Manien. Schwangere Frauen bilden sich immer wunder was ein.«

Im Morgengrauen des Donnerstags hörten die Gerüche auf, und das Gefühl für Entfernungen ging verloren. Der seit dem Vortag gestörte Zeitbegriff schwand vollends. Wir hatten überhaupt keinen Donnerstag. Was Donnerstag hätte sein sollen, war eine erstarrte, sülzeartige Masse, die man mit der Hand hätte wegschieben können, um den Freitag zu erreichen. Männer und Frauen waren nicht mehr zu unterscheiden. Meine Stiefmutter, mein Vater, die Arbeiter waren fettleibige, unwahrscheinliche Körper, die sich im Morast des Winters bewegten. Mein Vater sagte: »Rühr dich nicht von der Stelle, bis ich dir sage, was zu tun ist«, und seine Stimme kam fern und auf Umwegen und schien weniger mit dem Gehör zu erfassen zu sein als mit dem Tastsinn, dem einzigen noch funktionierenden Sinn.

Aber mein Vater kehrte nicht wieder: er verirrte sich in der Zeit. Als daher die Nacht kam, rief ich meine Stiefmutter und bat sie, mich ins Schlafzimmer zu begleiten. Ich schlief friedlich, ruhig die ganze Nacht hindurch. Am nächsten Tag blieb die Atmosphäre die gleiche, farblos, geruchlos, temperaturlos. Sobald ich erwachte, sprang ich auf einen Stuhl und verharrte reglos, denn etwas sagte mir, eine Zone meines Bewußtseins sei noch nicht völlig erwacht. Nun hörte ich den Pfiff des Zugs. Den gedehnten, trostlosen Pfiff des vor dem Unwetter fliehenden Zugs. »Irgendwo muß es aufgehört haben«, dachte ich, und eine Stimme hinter mir schien meinen Gedanken zu antworten: »Wo ...« – »Wer ist da?« sagte ich und blickte mich um. Ich sah meine Stiefmutter, die einen langen knochigen Arm zur Wand streckte. »Ich bin's«, sagte sie. Und ich sagte: »Hörst du sie?« Sie sagte ja, vielleicht hätte es in der

Umgebung aufgehört und sie hätten den Schienenstrang ausgebessert. Sie reichte mir ein Tablett mit dem dampfenden Frühstück. Es roch nach Knoblauchsauce und heißer Butter. Es war ein Suppengericht. Fassungslos fragte ich meine Stiefmutter nach der Zeit. Seelenruhig, mit einer nach hilfloser Entsagung klingenden Stimme sagte sie: »Es muß etwa halb drei sein. Der Zug hat nicht mal Verspätung.« Ich sagte: »Halb drei! Wie habe ich so lange schlafen können!« Und sie: »Du hast nicht lange geschlafen. Es ist höchstens drei.« Und ich, während ich den Teller meinen zitternden Händen entgleiten fühlte: »Freitag halb drei ...« Und sie, ungeheuer ruhig: »Donnerstag halb drei, Kind. *Noch immer* Donnerstag halb drei.«

Ich weiß nicht, wie lange ich versunken war in jenem Schlafwandel, in dem alle Sinne ihren Wert verloren. Ich weiß nur, daß ich nach vielen zahllosen Stunden eine Stimme im Nachbarzimmer hörte. Eine Stimme, die sagte: »Jetzt kannst du das Bett hierher rücken.« Es war eine müde Stimme, doch nicht die einer Kranken, sondern einer Genesenden. Dann hörte ich das Geräusch der Backsteine im Wasser. Ich blieb steif, bevor ich merkte, daß ich mich in waagerechter Lage befand. Nun fühlte ich die riesige Leere. Ich fühlte die bebende gewaltsame Stille des Hauses, die unglaubliche Reglosigkeit, die auf alle Dinge überging. Und plötzlich fühlte ich mein Herz in einen eisigen Stein verwandelt. »Ich bin tot«, dachte ich. »Gott, ich bin tot.« Ich fuhr im Bett auf, schrie: »Ada, Ada!« Martíns tonlose Stimme antwortete mir von der anderen Seite: »Sie können doch nicht hören, weil sie draußen sind.« Erst jetzt merkte ich, daß es aufgehört hatte und daß sich um uns eine Stille verbreitete, eine Ruhe, eine geheimnisvoll tiefe Glückseligkeit, ein vollkommener Zustand, der dem Tod sehr ähnlich sein mußte. Dann hörte man Stimmen im Gang. Man hörte eine helle, sehr lebendige Stimme. Gleich darauf rüttelte ein frischer Windstoß an der Tür, brachte das Schloß zum Kreischen, und ein fester, jäh aufleuchtender Körper wie eine reife Frucht fiel tief in den Brunnen des Innenhofs. Etwas in der Luft verriet die Gegenwart eines unsichtbaren Menschen, der im Dunkeln lächelte. Mein Gott, dachte ich, verstört von der Wirrnis der Zeit. Jetzt würde ich mich nicht wundern, wenn sie mich zur Messe vom vergangenen Sonntag riefen.

(1955)

Nachwort

Zwischen 1947 und 1955 hat Gabriel García Márquez ein Dutzend Kurzgeschichten geschrieben, die ersten fünf in Bogotá, die übrigen in Cartagena und Barranquilla, er hat sie aber erst 1976, ein Jahr nach dem Erscheinungsjahr von ›Der Herbst des Patriarchen‹, in einem von ihm selbst zusammengestellten Sammelband vorgelegt: ›Ojos de perro azul‹ – ›Augen eines blauen Hundes‹. ›Isabels Monolog‹ erschien in der Zeitschrift ›Mito‹, ›Die Nacht der Rohrdommeln‹ in ›Crítica‹, die übrigen in der Sonntagsbeilage der Tageszeitung ›El Espectador‹, alle in Bogotá. ›Tubal-Caín forja una estrella‹ – ›Tubal-Kain schmiedet einen Stern‹ –, 1948, gleichfalls in der genannten Zeitung erschienen, hat der Autor hier durch die möglicherweise unveröffentlichte Kurzgeschichte ›La mujer que llegaba a las seis‹ – ›Die Frau, die um sechs kam‹ –, 1950, ersetzt. Übrigens wurden ›Nabo. Der Neger, der die Engel warten ließ ...‹ und ›Isabels Monolog beim Betrachten des Regens in Macondo‹ dem deutschen Leser bereits 1974 in ›Das Leichenbegängnis der Großen Mama‹ vorgelegt. Nachfolgende Anmerkungen mögen rechtfertigen, warum diese Erzählungen dennoch in diesen Band mit aufgenommen wurden.

Zwei Auskünfte des Autors, zwanzig Jahre nach der Niederschrift seiner ersten Erzählung erteilt, sind aufschlußreich für Ausgangspunkt und Arbeitsweise des kolumbianischen Schriftstellers. »Ich könnte keine Geschichte schreiben, die nicht ausschließlich auf persönlicher Erfahrung beruht«, hat er 1967 dem argentinischen Kritiker Luis Harss erklärt. »Ich schreibe nur über Dinge, die ich kenne. Leute, die ich gesehen habe. Ich analysiere nicht.« In der venezolanischen Zeitschrift ›Papeles‹ schrieb er im gleichen Jahr: »Um 1947, als Jurastudent und eifriger Leser Kafkas, stand mir immer das Problem des Themas vor Augen: ich mußte die Erzählung suchen, um sie schreiben zu können.« Beide Aussagen scheinen sich zu widersprechen, wenn wir an seine Behauptung denken, ›Hundert Jahre Einsamkeit‹ habe er mit siebzehn Jahren zu schreiben begonnen; seine größte Schwierigkeit sei immer gewesen, einen Ton und eine Sprache zu finden, die das Erzählte glaubwürdig machen.

Wenn wir uns daran erinnern, daß García Márquez ›Dienstag mittag‹ (1963) für seine beste Geschichte hält, so verwundert es kaum, daß er mit der Buchveröffentlichung dieser ersten Arbeiten, die Mario Vargas Llosa »seine literarische Vorgeschichte« nennt, ein Vierteljahrhundert gewartet hat.

Denn hier wird nichts lebendig von der Macondo-Welt, die er einer Mitteilung zufolge fünfzehnjährig – er ist 1928 geboren –, einer anderen nach 1952, also nach Beendigung der ersten zehn Stücke, in seinem Geburtsort Aracataca wiedersah, freilich verwandelt zum Gespensterdorf und darin sein Elternhaus als eine Stätte, in der Tote umgehen. Nichts ist in diesen Erzählungen enthalten von dem »Buch von Macondo«, das er zu schreiben gedenkt, aber doch ein Anklang an das »Buch der Einsamkeit«, das, wie er sagt, gewissermaßen identisch ist mit seinem Romanvorwurf, denn »im Grunde schreibt man nur ein Buch. Schwierig ist allerdings zu wissen, welches Buch es ist, das man gerade schreibt«. Aber auch von »Gabos« berühmter Ingredienz, der »burla«, dem unverwechselbaren Gemisch aus Spott, Scherz, Übertreibung, Posse, Prellerei ist noch nichts zu hören; nichts kündet von dem Reichtum seiner fantastischen Erzählungen wie in ›Die letzte Reise des Gespensterschiffs‹, 1968.

Seine Anfänge sind beherrscht von fernliegenden

Einflüssen, von intellektuellen Kunstgriffen, von schwieriger Selbstbetrachtung. Lesefrüchte (Faulkner, Virginia Woolf, Kafka) verdrängen Bezüge der Familien- und Landesgeschichte, fremde Kulturwerte ersetzen den Genius loci, die Erforschung persönlicher Erfahrungen. Offenbar glaubt der beginnende Schriftsteller, nur das Ausgefallene, die erstaunliche Erfindung sei originell, keinesfalls das erlebte, gesehene, gehörte Ereignis. Seine Personen sind Fremdlinge in der eigenen Umwelt. Die Titel seiner Stücke klingen rätselhaft, gesucht – vielleicht um zu verblüffen, zu befremden. Die Themen sind Tod, Tod im Leben, Leben im Tod, Traum im Leben, Leben im Traum, Traum im Traum. Sie spielen außerhalb von Raum und Zeit, eine konkrete Umwelt läßt sich schwerlich erkennen, höchstens ahnen, mit einer Ausnahme: in ›Isabels Monolog‹. Der Autor scheint Zeitlosigkeit anzustreben, und die erinnert an ein keimfreies Wortlaboratorium, an die dünne Luft des L'art pour l'art. Wo, so fragen wir, sind die wunderbaren Geschichten der berühmten Großmutter, auf die der Autor sich später als Arsenal seiner Protagonisten berufen wird?

All das passiert also vor seiner Auslandstätigkeit als Pariser Korrespondent von ›El Espectador‹, vor seinen Reisen als Reporter, vor dem einschneidenden Jahr 1958: dem seiner Ehe mit Mercedes, der Cubanischen Revolution, welche die politische und literarische Perspektive so vieler lateinamerikanischer Schriftsteller, darunter GGM, zu einer Optik kontinentaler Solidarität erweitert, dem Erscheinungsjahr seines ersten, völlig gelungenen Romans ›Der Oberst hat niemand, der ihm schreibt‹.

Freilich, der Tod ist in García Márquez' ganzem Werk gegenwärtig, doch nie so drangvoll und überwiegend wie in seinen ersten Arbeiten. In ›Die dritte Entsagung‹ bebt das Entsetzen vor dem Tod. Das Kind wächst achtzehn Jahre in seinem Sarg: die leichtgewichtige Handlung zerfällt in den Wahrnehmungen des Toten. Die Sprache ist unpersönlich, der Satzbau gewunden. Übrigens kehrt das Thema, die Geschichte einer Leiche, in ›Das Leichenbegängnis der Großen Mama‹, auch im ›Herbst des Patriarchen‹ wieder; die Idee, daß man mitten im Tode sterben kann, begegnet uns in den verschiedenen Toden von Melchiades und Prudencio Aguilar von ›Hundert Jahre Einsamkeit‹.

›Eva ist in ihrer Katze‹ kommt dem Wesen der ersten Erzählung sehr nahe, die Protagonistin könnte eine blasse Vorläuferin von Remedios sein. Sie »lebt« in Finsternis und ist allgegenwärtig, im »wirklichen« Leben und zugleich im anderen, dem Tod.

›Die andere Rippe des Todes‹, versetzt mit Angst und schwarzem Humor, beginnt surreal, als Perspektive eines Menschen im Morgengrauen zwischen Wachen und Träumen.

›Zwiesprache des Spiegels‹ setzt ›Die andere Rippe‹ auf ebenso stofflose Weise wie die vorhergegangene fort; hier scheint Faulkner Pate gestanden zu haben.

›Bitterkeit für drei Schlafwandler‹ bildet eine Art Übergang vom Abstrakten zum Konkreten der fiktiven Wirklichkeit. Drei Erzähler rufen die Gegenwart eines Mädchens wach, die aus dem zweiten Stock in einen Innenhof gestürzt ist, umgeben von einer Atmosphäre aus Geheimnis und Bedrohung.

›Augen eines blauen Hundes‹, die einfallreiche Erzählung einer schwierigen Traumbeziehung zwischen Mann und Frau, ist die im Aufbau wohl unentschlossenste von allen Erstlingen des Autors. Sieht die Frau wirklich den Erzähler in der »Wirklichkeit«? Daher scheint uns in dieser Gesellschaft ›Nabo‹ wichtig. Hier, wie in ›Bitterkeit‹, erscheint, Widerhall aus Faulkners »tiefem Süden«, ein stummes Geschöpf, das Grammophonmusik hört, nicht gehen kann und niemanden erkennt, betreut von Nabo, dessen beschädigtes Bewußtsein von keiner Vergangenheit weiß und nur den Hufschlag des Pferdes, seine einzige Erinnerung, umkreist. Diese Geschichte ist überzeugend erzählt, und Nabos Eingeschlossenheit deutet voraus auf den Arzt in ›Laubsturm‹.

In ›Jemand bringt diese Rosen in Unordnung‹ tritt wieder ein Invalide auf den Plan wie in ›Bitterkeit‹ und ›Nabo‹, diesmal ein toter Knabe. Auch der Erzähler ist tot: »Da Sonntag ist und es aufgehört hat zu regnen, denke ich daran, einen Strauß Rosen auf mein Grab zu legen.« Diese vielleicht am besten konstruierte Erzählung hat eine vage Verwandtschaft mit ›Laubsturm‹ und seinem Erzähler-Enkel.

›Die Nacht der Rohrdommeln‹ stellt gewissermaßen die Grenze zwischen Vorgeschichte und Geschichte der fiktiven Realität dar. Sie fußt auf einem Volksglauben der Atlantikküste: daß nämlich die Rohrdommeln dem die Augen ausstechen, der ihren Gesang nachahmt. Die Welt der drei Männer, fortan nur mehr durch Erinnerung, Geruchs- und Tastsinn wahrzunehmen und zu bewältigen, wird fast nur im Dialog sichtbar.

Aus dem Rahmen dieses Bandes fällt ›Die Frau, die um sechs kam‹, eine nahezu reine Dialogerzählung der objektiv erlebbaren Welt mit einem greifbaren Drama zwischen Mann und Frau, das den Leser zur Teilnahme und Kritik aufruft.

›Isabels Monolog beim Betrachten des Regens in Macondo‹ schließlich, eine in Anthologien Lateinamerikas und Europas vertretene Erzählung, leitet über zu GGMs eigentlichem Werk, seiner Macondo-Welt. Der Autor hat sie aus ›Laubsturm‹, von dem sie ein Teil war, herausgelöst. Hier klingen auf einen Schlag alle Motive von GGMs erstem Roman an: Regen als Aktion – in ›Hundert Jahre Einsamkeit‹ wird es vier Jahre ununterbrochen regnen –, Hitze, Fäulnis, Einsamkeit, Verfall – physisch, historisch, moralisch. Noch herrscht der Monolog als bestes Werkzeug, innere Erfahrungen auszudrücken.

Unter García Márquez' in deutscher Sprache erschienenen Büchern dürfen seine ersten Erzählungen nicht fehlen, besonders nicht für Leser, die seine Meisterwerke kennen. Denn gerade für diese ist es informierend und ermutigend zu sehen, wie dieser Schriftsteller sich von innen nach außen vortastet, wie er geduldig und genau seine Grenzen abschreitet und das eigene Neuland erforscht, um schließlich seinen Kosmos mit sicherer Hand auszubreiten.

Curt Meyer-Clason

Gabriel García Márquez
Die Liebe in den Zeiten der Cholera

Roman
Titel der Originalausgabe:
El amor en los tiempos del cólera
Aus dem kolumbianischen Spanisch von Dagmar Ploetz
Leinen

»Gabos komische, ironische, traurige Geschichte von Liebe und Vergänglichkeit ist vom handfest- und dauerhaft-robusten Stoff der großen Literatur.«

Gunar Ortlepp, Der Spiegel

»Dieses Buch ist ein seltener Glücksfall in der Literatur, wie es ihn höchstens alle hundert Jahre einmal gibt.«

Beate Pinkerneil, ZDF

»Nichts auf dieser Welt sei schwieriger als die Liebe, meint Fermina einmal. Ein wenig widersprechen darf man ihr schon. Denn eines ist vielleicht noch schwieriger: das Schreiben eines Liebesromans, der diesen Namen auch literarisch verdient. Gabriel García Márquez hat ihn geschrieben. Dieser neue Roman ist der Hymnus auf die absolute Liebe.«

Jochen Hieber, Frankfurter Allgemeine Zeitung

»Gabriel García Márquez zu lesen, bedeutet Liebe auf den ersten Satz.«

Carlos Widmann, Süddeutsche Zeitung

Gabriel García Márquez im dtv

Laubsturm

Drei Menschen sitzen im Haus eines Selbstmörders und lassen in wechselnden Monologen die Vergangenheit an sich vorüberziehen. dtv 1432

Der Herbst des Patriarchen

García Márquez zeigt Allmacht und Schwäche einer Staatsmacht, die den Mangel an Legitimität mit Gewalt kompensiert. dtv 1537

Der Oberst hat niemand, der ihm schreibt

Ein kaltgestellter Oberst in einem kolumbianischen Dorf erkennt in seinem Hahn das Symbol der Hoffnung und des Widerstands. dtv 1601

Die böse Stunde

Anonyme Schmähschriften bringen Unruhe in ein kolumbianisches Urwalddorf. Es kommt zu einer Schießerei. dtv 1717

Augen eines blauen Hundes

In diesen Erzählungen sind Einsamkeit und Tod allgegenwärtig, die Dimensionen Raum und Zeit weitgehend außer Kraft gesetzt. dtv 10154

Hundert Jahre Einsamkeit

Die Geschichte vom Aufstieg und Niedergang der Familie Buendía und ihres Dorfes Macondo. dtv 10249

Die Geiselnahme

Ein sandinistisches Guerillakommando preßt politische Gefangene aus den Folterkammern des Somoza-Regimes frei. dtv 10295

Bericht eines Schiffbrüchigen

Zehn Tage Hunger und Durst auf einem Floß allein in der Karibik, ständig in Angst vor den Haien. Eine wahre Geschichte. dtv 10376

Chronik eines angekündigten Todes

Ein Mädchen wird in der Hochzeitsnacht nach Hause geschickt, weil es nicht mehr unberührt war. Seine Brüder beschließen, den angeblichen Verführer zu töten. Das Dorf sieht zu. dtv 10564

Das Leichenbegängnis der Großen Mama

Acht humorvoll-groteske Erzählungen des kolumbianischen Nobelpreisträgers. dtv 10880

Die unglaubliche und traurige Geschichte von der einfältigen Eréndira und ihrer herzlosen Großmutter

Sieben Erzählungen dtv 10881